BAILA HACIA EL ÉXITO

MOSHE A. RASIER

DEDICATORIA

Quiero dedicar este libro a mi mayor mentor, mi padre, a mi familia, y a toda la familia de ADC, así como también a Lisa Jeffery quien me motivó a escribirlo y publicarlo.

¡Baila porque puedes!
—Moshe Rasier, también conocido como "El tipo de los cruceros"

LA HISTORIA DE ADC

Es bastante divertido hacer lo imposible.
—Walt Disney

La gente muchas veces me pregunta cuál es mi historia, mi origen, y cómo surgió mi compañía *Aventura Dance Cruise* (ADC). Generalmente doy una versión corta, de dos o tres minutos, que cubre lo fundamental. Es decir, a mí no me parece tan interesante porque no soy más que otro tipo que está tratando de triunfar en la vida, como todos los demás, ¿no? Nunca me consideré un ejemplo a seguir ni alguien a quien la gente admiraría.

Inicialmente, fue conmovedor y me dio una gran lección de humildad ver cómo algunas personas se sentían inspiradas por mi historia, pero con el paso del tiempo me di cuenta de que había aún más. Muchas personas querían saber más. Parece que sí inspiro y motivo a la gente a seguir sus metas, y así, poco a poco, surgió la idea de escribir este libro.

Cuando era pequeño no era particularmente un buen estudiante. De hecho, siendo honestos, era más bien el payaso de la clase. Siempre estaba por ahí correteando con mis amigos, jugando fútbol o pasando el rato en la playa, manteniéndome fuera de problemas.

Cuando comencé la escuela secundaria ya sabía que me interesaban los negocios y ganar dinero, ¿por qué no? Pero no sabía con exactitud qué significaba esto o a dónde me llevaría. De igual manera construí una fantasía de mí mismo usando un traje, llevando un maletín y entrando a una oficina todos los días. El problema es que, en el fondo, sentía que para convertir esa fantasía en una realidad harían falta buenas notas: algo que yo ciertamente no tenía. Sin embargo, me gradué de la secundaria con una mención en negocios y esto fue un reflejo de cuán serias eran mis intenciones en este tema.

Estuve expuesto a una mezcla única de culturas por ser el hijo de dos inmigrantes. Mi mamá es argentina y mi papá es turco con ascendencia española. Yo, por mi parte, crecí en el estado de Israel. Después de terminar la secundaria en Israel hay que cumplir con un tiempo de servicio militar obligatorio. Este período es de tres años para los hombres y un poco menos de dos años para las mujeres. Es obligatorio cumplirlo siempre y cuando no se tenga alguna condición médica que lo impida. Así pues, fui a cumplir mi servicio militar después de la secundaria.

Ahora bien, en ese momento uno no estaba seguro de si había logrado graduarse de la secundaria o no (y si recibiría un *bagrut* o diploma) hasta unos meses después. No era como en los Estados Unidos, que uno puede enterarse rápidamente y luego asistir a una ceremonia en la que entregan diplomas frente a una audiencia. Así que cuando recibí la llamada sobre el estado de mi graduación, ni siquiera me imaginaba cuál sería la respuesta. Tenía la mente ocupada pensando en mis tareas en el ejército y esperando a medias la noticia de que no habría logrado graduarme de la secundaria.

A pesar de esto, esta llamada me trajo buenas noticias: ¡contra todo pronóstico, lo había logrado! Mi diploma estaba ahí, esperándome. No es que yo estuviese cien por ciento seguro de que reprobaría, pero realmente no daba por hecho que aprobaría.

Esto expandió un poco más los horizontes respecto a mi futuro. Mientras tanto, aún debía cumplir con mis obligaciones en el ejército. Por un lado, esto era una pérdida de tiempo. A menos que desees trabajar con el ejército más adelante, esos años de servicio militar obligatorio difícilmente pueden considerarse esenciales. Por otra parte, el entrenamiento durante mi primer año de servicio me enseñó muchas cosas: aprendí a administrar mi tiempo, aprendí a enfrentar retos y desarrollé un gran sentido de disciplina. Me encontré siendo cada vez más organizado, independiente, y me acostumbré a dar lo mejor de mí en todo lugar.

Ya no era simplemente el mismo chico sociable, amante del fútbol y de la playa que siempre había sido. Poco a poco, a mi propio ritmo y de mi propia forma, me estaba convirtiendo en algo nuevo: un adulto.

* * *

Cuando finalmente terminé el servicio militar obligatorio, busqué trabajo por primera vez en mi vida. En un abrir y cerrar de ojos les di a mis amigos y familiares una sorpresa por partida doble: me iba de viaje a Miami, Florida, y tenía intenciones de evaluar algunas universidades para estudiar allí.

En otras palabras, esto sería más que un viaje. Era mi primera visita a los estados unidos, el umbral a mi futuro. La ubicación fue tan sorprendente para algunos como el hecho de que quisiera estudiar una carrera universitaria ("¿Moshe? ¿Universidad? ¿En un nuevo país? ¿Solo? ¿Con un idioma nuevo?"), pero yo estaba decidido a seguir en esa dirección.

Cuando asistí a la universidad en Estados Unidos (tanto para mi carrera de pregrado como para mi maestría) era un tipo de estudiante diferente del que había sido durante la secundaria: estaba concentrado, comprometido y era muy serio. Todo esto mientras además soñaba con trabajar en el mundo empresarial estadounidense. Usaría un elegante traje con corbata, entraría a la oficina y me saludaría una secretaria. Trabajaría todo el día, entre teléfonos y computadoras, haciendo negocios y cosas importantes.

Poco sabía yo cuán lejos estaba esa fantasía de lo que sería mi realidad.

Para empezar, me parecía humillante el proceso de buscar empleo. Ahí estaba yo, con toda la educación, conocimientos y cualificaciones que un empleador podría desear, y me rechazaban una y otra vez. Se me hacía extenuante salir y venderme ante personas quienes tenían el poder de determinar cuál sería mi destino. Tenía la inquietante sensación de que yo debía ser quien estuviese a cargo de decidir mi futuro.

Algunos pensamos que lo que nos hace más fuertes es aferrarnos, pero a veces es el dejarnos ir.
—Hermann Hesse

A pesar de esto, eventualmente tuve unos cuantos empleos distintos en el mundo empresarial estadounidense, pero no me tomó mucho tiempo darme cuenta de que no era el lugar para mí. En los empleos que tuve uno llegaba, hacía sus tareas, salía a las cinco en punto, y luego se iba a casa y se olvidaba de todo para repetir el mismo escenario al día siguiente. Sería un eufemismo decir que era aburrido, pero más que aburrido a mí se me hacía insignificante. Quería dejar una marca en el mundo, sentirme necesario y ayudar a las personas en lugar de sentirme como un pequeño engranaje en la máquina gigante de alguien más.

En otras palabras, aunque no tenía aún una palabra para ello, quería ser un emprendedor.

***

Volvamos un momento a mis años universitarios. Creo que por mis antecedentes personales y mi experiencia en el ejército no me llevaba naturalmente bien con las personas de mi edad. Con poco más de veinte años, mis amigos siempre eran más maduros que yo. Mi pasado y mi mentalidad eran distintos, y de cierta manera me alejaban de mis compañeros. La mayoría de mis amigos en esa época estaban casados o tenían parejas, y eran dueños de negocios o habían terminado sus carreras universitarias: ya sabes, eran maduros.

Poco a poco, comencé a pescar indirectas dentro de mi círculo de amistades. Me sugerían una y otra vez que debería salir y conocer gente de mi edad. La primera vez que surgió el tema lo ignoré, la segunda vez me di por enterado, pero después de que esto sucediera en repetidas ocasiones, finalmente comprendí.

Por mi propio bien, debía expandir mis horizontes.

¿Pero qué podía hacer para avivar mi vida social? La música siempre había estado entre las cosas que me encantan, así que pensé que tal vez podría tomar clases de música, aprender a tocar el piano o la guitarra. Me di cuenta de que esta idea era únicamente una táctica para permanecer donde estaba. O sea, ¿a quién iba a conocer en estas clases? ¿A los profesores?

No, para expandir mi círculo social tendría que hacer algo más arriesgado.

Recordé que en secundaria tomé clases de salsa y realmente lo disfruté. Si bien mi primera clase fue parte de una cita, más adelante fui por mi cuenta a tomar más clases, aunque las cosas no habían funcionado con la persona con quien había estado saliendo. Era una actividad divertida: mover el cuerpo, perfeccionar los pasos. Sin embargo, nunca esperé que fuese esto lo que definiría mi vida eventualmente.

Consideré tomar clases de hip-hop, que era genial, pero en ese momento tenía un público mucho más joven. "Está bien", pensé, "probemos ritmos latinos".

O, siendo más específicos, ¡salsa!

Levanté el teléfono y llamé a dos escuelas. Una de ellas no respondió y la otra sí: programé mi primera clase con ellos. Lo siguiente que supe es que seguía volviendo a tomar más clases: comencé con las clases para principiantes, luego las de nivel intermedio, y luego las de nivel avanzado. Me hice amigo de los instructores. Me divertí muchísimo.

También me uní a un grupo de baile.

Más tarde aprendería que los grupos de baile tienen su propia cultura. Están conformados por estudiantes que realizan rutinas de baile grupales en eventos. Es una excelente oportunidad para aprender y practicar la danza a otro nivel para los bailarines. Además, es emocionante: viajar, conocer nuevas personas, trabajar con un equipo de gente talentosa. En la industria del baile de ritmos latinos estos equipos son fundamentales, y mientras más me adentraba en el mundo de la danza, más me llenaba la gratificante sensación de sentirme parte de algo.

Así que todo el tiempo que estuve en la escuela estudiando muchísimo y sacando buenas notas, también estuve viviendo una doble vida como bailarín. Para mí, la alegría principal de ser un bailarín era tener una manera de salir al mundo. El arte de la danza por sí mismo era increíble, pero además formaba un puente para conocer personas y obtener nuevas experiencias, y esto era algo más para mí.

He descubierto que, en el mundo de la danza, en apenas una noche y un par de horas uno puede hacer más de veinte amigos nuevos, ¡como mínimo! Para mí esto fue importantísimo, pues tenía pocos amigos fuera de allí. Incluso hay un término para esto: danza social. Uno puede ir a una de estas reuniones solo, pero desde el momento en que entras al salón ya no estás solo. Caminas, te pones tus zapatos de baile, encuentras a un compañero y te conviertes en parte del lugar.

A medida que sufría tras mi escritorio en el mundo empresarial estadounidense, me di cuenta cada vez con más certeza de que mi pasatiempo de bailar había sido mi única fuente de alegría en los últimos años. ¡Qué experiencia tan poderosa fue esta, y cuánto cambió mi vida! Un contraste total: detrás del escritorio era un robot y en la pista de baile era energía en movimiento.

Teniendo esto en mente, decidí convertir mi pasatiempo en profesión.

***

Abrí mi propio estudio de baile. ¡Qué riesgo! Nunca antes había sido dueño de un negocio, mucho menos de un estudio de baile, y tampoco había estudiado baile en la escuela. No tenía estudiantes, el 90% de los gastos los cubría con mis tarjetas de crédito (táctica que, por cierto, no le recomiendo a nadie. Solo comento que es lo que yo hice). Encontré un lugar, mudé las cosas y colgué un aviso en la puerta:
Aventura Dance.

Como expliqué antes, entendía el baile como un fenómeno cultural y social. Que el nombre de mi estudio fuese el mismo que el de la ciudad en el que operaba fue una decisión calculada, pues quería hacer más que abrir una escuela: quería sumar a la cultura que prevalecía. Era un lugar de estilo de vida que fue creado para dar a las personas nuevas experiencias y para coexistir con el ambiente a nuestro alrededor. Aventura no solo es una ciudad en Miami, sino que tiene su propio significado en español, ¡y quedó decidido!

Todo estuvo bien durante un tiempo, el negocio funcionaba a un nivel medio. Pero en 2008 ocurrió una cosita: la gran recesión.

De pronto estaba avergonzado por haber decidido comenzar un negocio con tarjetas de crédito. La economía estaba por el piso. Abrir y mantener un negocio es difícil incluso cuando las condiciones son favorables, y ahí estaba yo, con el mundo cayéndose a pedazos a mi alrededor.

Me di cuenta de que no bastaría con dictar algunas clases para que el estudio de baile funcionara, así que comencé a organizar fiestas, ofrecer clases privadas, e incluso produje un DVD instructivo. Mientras esto sucedía, el estudio operaba en base a membresías, los estudiantes pagaban una cuota mensual. Para mí seguía siendo importante hacer todo lo posible para ayudar a crear en mis estudiantes una sensación del baile como estilo de vida. No quería que pensaran en dinero cada vez que vinieran al estudio. Se me ocurrió agregar, con el paquete de la membresía, un retiro anual con todos los miembros en el que pudiésemos hacer lo que más amábamos: bailar. Era una combinación perfecta de mis dos metas, brindar una sensación de estilo de vida y generar el ingreso adicional que necesitaba.

Como por cosas del destino, el local junto a mi estudio de baile era una agencia de viajes. Siempre que pasaba por allí veía afiches promocionando cruceros. Aunque nunca había estado en un crucero, la idea me llamaba la atención; no solo estaríamos juntos en un solo lugar, sino que estaríamos emprendiendo *una aventura* bajo un mismo techo, con comidas incluidas, y con la maravillosa vista del mar abierto.

Me comuniqué con la agencia de viajes y les expliqué mi idea. Ellos estaban completamente dispuestos a hacerlo (después de todo, querían hacer este negocio). Al día siguiente comenzamos a planificar juntos. Yo contaba con una base de datos de estudiantes y posibles clientes con la que podíamos trabajar. En ese momento las redes sociales se reducían principalmente a Facebook, así que publiqué un anuncio en nuestra página de Facebook y en nuestro sitio web:

¡Crucero de baile Aventura! Únete a la aventura.
Un fin de semana lleno de clases de baile y música latinoamericana.
Para inscribirte, llama a este número…

Luego de publicarlo me olvidé del tema.

El motivo por el cual me olvidé de tema es que esto sería solo una pequeña parte de mi negocio. Mis actividades cotidianas eran aquellas relacionadas con manejar el estudio de baile en sí. Hice la publicación inicial de Facebook en el mes de julio y el crucero zarparía en noviembre.

Ahora déjenme contarles sobre el poder de las redes sociales y el internet…

Muchas personas comenzaron a contactarme poco a poco, principalmente amigos míos del mundo del baile.

"Oye, escuché sobre tu crucero. Suena muy bien. ¿Podría llevar a mis estudiantes también?"

"Oye, ¿te importaría si doy algunas clases?"

"Oye, ¿te gustaría llevarme como DJ?"

"Oye, tenemos un nuevo espectáculo de baile, ¿podríamos presentarnos allí?"

Acto seguido, estaba agregando a una persona a la lista de asistentes, y luego a otra, luego alguien llevaría a diez de sus amigos, y este otro tipo traería a su tía Susana, y más, y más, y más.

No digo esto en el sentido de que supiésemos de antemano que teníamos un éxito entre manos. Como máximo, dejándome llevar, pensé que se inscribirían unas treinta o cuarenta personas. Tal vez cincuenta, si tenía mucha suerte, pero no contaba con esta operación como algo que definiría mi futuro. Le había confiado a la agencia de viajes la tarea de encargarse de las reservaciones, y cruzaba mis dedos para lograr un quórum decente.

Piénsalo: ¿cuántas personas podrían pagar unas vacaciones en la economía de ese momento?

Un par de semanas antes del crucero, el agente de viajes me llamó. "Hola, Moshe, ¿estás emocionado? ¿Estás listo?"

"Sí, claro. Estoy listo". Me preguntaba qué rayos estaría pasando.

"Bueno, más vale que estés listo," continuó el agente de viajes. En ese momento escuché un número que nunca olvidaré: 472. ¡Esa fue la cantidad de personas que se inscribieron!

***

Mi realidad se tornó borrosa.

En casi todos los aspectos, esto era un sueño hecho realidad; era mi momento, acababa de recibir un maravilloso obsequio de parte de los dioses del baile.

Ahora, déjenme explicar: uno no se imagina lo que significa "472 personas" hasta que ves a estas personas de pie frente a ti, sabiendo que eres la persona responsable por sus vacaciones.

Estábamos tan pálidos como puedas imaginarte. Afortunadamente, la línea de cruceros fue de mucha ayuda y nos proporcionó mucho espacio. El viaje como tal fue el epítome de la locura. Ni siquiera puedo resumir todos los retos, escenarios y alegrías que surgieron, y no recuerdo haber dormido en ese viaje. Hasta el día de hoy, al mencionar ese primer viaje, se habla de que fue maravilloso y tal vez uno de los mejores que se han hecho hasta ahora.

Cuando todo acabó dije que no lo haría de nuevo. Sin embargo, después de recuperar energías, entré en razón y me di cuenta de cuánto habíamos afectado a la gente. Había muchísimas fotografías, vídeos y comentarios en Facebook, y los emails seguían llegando. Habíamos hecho felices a muchas personas y les habíamos dado algo más que una simple vacación: les habíamos dado una aventura verdadera, un escape de sus vidas cotidianas y de la difícil situación económica. Me sentí muy realizado gracias a esta experiencia.

Ahora era momento de organizarse y llevar las cosas al siguiente nivel.

Desarrollé un plan preciso con un presupuesto detallado. Ahora sabía hacer las cosas con más exactitud y tenía una idea más clara de qué podía esperar de esto.

Tuvimos setecientos huéspedes en nuestro segundo año, y más de mil el tercer año. Los números siguieron creciendo cada vez más.

Todo esto suena muy bien, claro, pero me faltaba aprender algo importantísimo sobre el crecimiento.

En la industria de los cruceros los grupos pequeños son maravillosos pero los grupos grandes son un problema. Esto sucede porque, cuando el grupo es demasiado grande, las compañías de cruceros comienzan a verlos como una responsabilidad y una carga. Descubrí que una vez que nuestros cruceros tenían más de ochocientas personas me trataban de manera distinta. Aunque yo habría esperado que me tratasen cada vez mejor, aparentemente ahora yo tenía demasiado poder.

Resulta que el poder tenía un lado negativo.

***

El crucero comenzó a cobrar nuevos cargos. Lo que es peor, comenzaron a restringirnos por todos lados: teníamos menos movilidad, menos uso de los espacios, menos tiempo para bailar. Los cargos eran tan altos y las restricciones eran tan difíciles que parecía que las habían diseñado para desalentarme. No había forma ni manera de que pudiese superarlas.

Así que decidí que había tenido suficiente.

Me fue bien, pero la fiesta había terminado. De ahora en adelante haríamos cruceros muy pequeños y exclusivos, o tal vez dejaríamos de hacerlos. De cualquier manera, no quería ofrecer un producto de baja calidad.

Para ese momento, ya formaba parte de la escena del baile en Miami. Comencé a regar la voz en redes sociales y eventos locales de que el siguiente crucero ADC sería el último.

La reacción fue devastadora.

"¿Qué?"

"¿Cómo pudiste?"

"¿En qué estás pensando?"

La gente no entendía por qué había decidido esto. Solamente veían a un tipo que había decidido acabar con algo nuevo, divertido y emocionante. Algunas personas incluso comenzaron a decir que era una estrategia de mercadeo para hacer que la gente pagara tarifas más altas o que se inscribieran más rápido. Por más que traté de explicarles, no logré que entendieran el mensaje.

La gente no solo estaba decepcionada, estaban protestando.

Fue entonces cuando me di cuenta de cuán poderosa era esta experiencia para muchos. Era una cultura y una familia.

Era ADC.

***

Entonces se me ocurrió: ¿y si en lugar de depender de las compañías de cruceros, y de sus cruceros normales, tomábamos el mando reservando todo el crucero? Un barco entero, nuestro propio barco.

Comencé a hablar de esto con distintos expertos de viajes y con los vendedores de la línea de cruceros. No hace falta decirlo, pero la operación sería extremadamente seria. Necesitaríamos saber más que una agencia de viajes sobre cómo funcionan realmente los cruceros y la industria de cruceros. Necesitaríamos saber cómo establecer precios, cómo cobrar, cómo gestionar el barco y cómo llevar a cabo un evento así de grande. No había un libro en la biblioteca que me guiara paso a paso. Fui una de las pocas personas en el mundo dispuestas a hacer semejante cosa. Más allá del estrés por todo aquello que desconocía, estaba en juego mucho dinero.

Esto era *enorme.* ¡Era imposible!

Pero un momento, esto es lo que yo quería en mis tiempos de engranaje empresarial. Por mucho que lo negara, siempre me ha gustado enfrentarme a los retos.

Así que lo hicimos: reservamos todo el barco. No estaríamos en *un* crucero, estaríamos en *nuestro* crucero. ¡Un barco entero solo para nosotros!

Nuestro primer viaje en un barco entero fue en 2013. ¡Nos divertimos muchísimo! Fue muy especial, ¡nuestro primer ADC en un barco solo para nosotros! Fue nuestra primera vez encargándonos de todo y sin que nadie estuviese allí para decirnos cuándo, dónde o por cuánto tiempo bailar. Estábamos a cargo. Teníamos dos mil capitanes, fueron 72 horas de baile ininterrumpidas. Aprendimos muchísimo y tomamos notas para aplicarlas el siguiente año.

El ADC de 2014 mejoró mucho, muchísimo. Nos convertimos en un equipo que funcionaba estupendamente, un imperio que anteponía al cliente por encima de todo. Ese año vendimos todos los cupos del barco por primera vez: más de 2.400 amantes de los ritmos latinos, una mezcla de bailarines profesionales y no profesionales.

En el año 2015 comenzamos a procesar todas las reservaciones y gestionar el servicio al cliente internamente en lugar de delegar estas tareas a agencias de viajes. Esto nos ayudó a brindar un servicio al cliente mucho mejor, incrementando la eficiencia y las ventas, creciendo como una compañía independiente y estableciendo los cimientos para hacer cosas mucho más grandes.

Para los años 2015 y2016 nuestra alegría llegaba a la estratósfera: un grupo de personas completamente apasionadas por la danza, la música y la cultura que nos encanta.

Para 2017 agregamos un segundo crucero e hicimos historia al convertirnos en el primer crucero de baile de ritmos latinos partiendo desde la costa oeste/Los Ángeles, y convirtiéndonos en la compañía de cruceros de baile de ritmos latinos más grande del mundo.

Todavía queda mucho (muchísimo) por venir.

Tengo un vídeo maravilloso del año 2012 de alguien que llegó a presentarse como artista en uno de nuestros cruceros y más adelante se convirtió en un empleado a tiempo completo de ADC y en un amigo muy querido; aparece en cámara diciendo que nuestro sueño era tener nuestro propio barco algún día. En ese momento era un chiste, o un sueño remoto y tonto que no parecía ni remotamente posible.

Pero si hay algo que he aprendido durante mi carrera, amigos, es que cuando uno se dispone a hacer las cosas, cualquier cosa es posible.

Nunca, nunca, nunca te rindas.
—Winston Churchill

***

El resto de este libro es un obsequio para mis amigos, para mi familia y para las personas que adoran los cruceros ADC y las historias que los acompañan. Comparto historias más personales, pero no se tratan solo de mí. Este libro se trata del conjunto de herramientas mentales, emocionales y físicas que usé para convertir mis sueños en realidad, bien fuese mudarme a una nueva ciudad y a un nuevo país, estudiar, abrir mi primer negocio, aprender a bailar, o convertirme en la persona más joven que ha fletado un barco completo para un evento. De esa manera, este libro es una guía que espero sea valiosa, entretenida e inspiradora para ti. Es mi manera de ayudarte a iniciar tu camino hacia el éxito, hacia descubrir cuáles son tus sueños y a vivirlos. ¡A bailarlos!

Al bailar, lo importante es divertirse. Así que no nos

BAILA HACIA EL ÉXITO

limitemos a bailar como si nadie nos estuviese viendo, ¡bailemos como si todos nos estuviesen viendo!

> *Dentro de veinte años estarás más decepcionado*
> *por las cosas que no hiciste que por aquellas que sí.*
> *Así que suelta amarras. Navega lejos del puerto*
> *seguro. Atrapa los vientos alisios en tus velas.*
> *Explora. Sueña. Descubre.*

—Mark Twain

EL PASO BÁSICO

*Los dos días más importantes de tu vida son el día
en que naces y el día en que descubres por qué.*
—Mark Twain

El primer paso que aprendes en el arte del baile se llama el paso básico. Este paso es la base, los cimientos sobre los cuales se construirán todos los demás componentes de tu habilidad para bailar: el ritmo, el tiempo, la interacción con tu compañero. Sin el paso básico no tienes los cimientos para bailar profesionalmente. Saltar este paso y concentrarte en otras partes del baile causaría mucha confusión.

He aprendido a atesorar este concepto. Aunque suena sencillo, es fácil de ignorar. Estamos condicionados por muchas fuerzas internas y externas. Nos creamos expectativas sobre nosotros mismos y reaccionamos a las expectativas que tienen los demás respecto a nosotros. Nos motivan impulsos materiales e inmateriales. A veces queremos lograr algo por razones egoístas, en otras ocasiones queremos ayudar a los demás, y en ocasiones nuestros motivos se superponen y son muy complejos.

Tal como sucede con el arte de la danza, el paso básico puede ayudarnos a aclarar nuestras acciones en el baile y en la vida misma.

Para mí, el paso básico es saber qué quieres cada día, y por qué lo quieres. Una vez que identificas ambas cosas, operas sobre una base firme que no cambiará rápidamente de acuerdo a las circunstancias. Si esto te parece sencillo, tomemos un momento para examinar tu propia situación: pasado, presente y futuro.

¿Siempre tienes claro lo que quieres? Desde que yo era joven sabía que quería ser un hombre de negocios, pero no sabía por qué quería esto ni qué significaba realmente.

¿Tienes claro *por qué* quieres lo que quieres? En mi caso, solo tenía una imagen de mí mismo. Supongo que mi motivación era el dinero, mi visión no era demasiado profunda. Se sentía correcta, y eso es importante, pero me habría sido difícil explicarle a alguien más por qué quería dedicarme a los negocios.

Si le preguntas a diez personas distintas si quieren $1000 millones, probablemente todos digan que sí. Pero si haces una pregunta más profunda y les preguntas por qué quieren esos $1000 millones, las respuestas serán distintas en cuanto a profundidad y sustancia; me atrevería a decir que, en algunos casos, ni siquiera recibirás una respuesta.

Me sorprende ver cuánta gente tiene una noción de lo que quiere hacer a nivel profesional, pero carece de una visión, un propósito o un motivo claro y fuerte. Me he preguntado por qué sucede esto y mi conclusión es que la visión, propósito y motivo causan miedo. Además, estas cosas requieren energía y resulta más sencillo dejarse ir que seguir un camino teniendo una noción concreta de qué es lo que se desea hacer.

No puedo enfatizar cuán importante fue para mí dominar este concepto, dominar el paso básico. En algunos casos, podrías identificar qué quieres y darte cuenta de que los motivos no están suficientemente arraigados en ti. Una vez que reconoces esto, podrías comenzar a darte cuenta de que realmente lo que quieres es algo más. Descubrir qué es podría requerir de reflexión y autoevaluación, pero una vez que hayas terminado este proceso no solo sabrás qué es lo que quieres, sino que también estarás decidido y confiado respecto a las razones por las cuales deseas esto.

Recuerdo haber leído unos cuantos libros sobre cómo convertir un negocio en una franquicia, una meta que tenía entonces. Después de entender qué necesitaba hacer bien y cuánto tiempo me tomaría, me di cuenta de que ya no deseaba esto.

Sencillamente no tenía un motivo o propósito suficientemente fuerte para hacer todo lo que era necesario para convertir mi negocio en franquicia. Agradezco muchísimo haberme dado cuenta de esto antes de que fuese demasiado tarde.

Imagínate a dos tipos que quieren aprender a bailar. Ambos saben que quieren bailar, pero ninguno de los dos se ha detenido a pensar en por qué quieren hacerlo. Cuando se les obliga a hacerlo, uno de ellos dice que quiere obtener la admiración y aplausos de la audiencia, conocer chicas, y eso es todo. El otro dice que quiere cultivar su pasión por la música, dedicarse a un pasatiempo saludable y social, y sentir la gratificación de saber que ha aprendido una nueva forma de arte.

En este ejemplo, apostaría a que el tipo que quiere hacerlo por la gloria o para obtener una cita tiene menos probabilidades de seguir bailando a largo plazo que el tipo que quiere hacerlo por el aprendizaje. Cuando eliges lo que quieres basándote en cómo reaccionarán los demás ante ti no estás eligiendo una actividad sino un resultado, que es algo que no siempre puedes controlar. Existen muchas maneras de obtener aplausos, y si el primer bailarín se frustra durante su aprendizaje, es posible que busque otra manera de obtener el reconocimiento que desea.

Sin embargo, es probable que el segundo bailarín continúe haciendo lo que desea porque respeta y aprecia el arte por sí mismo. En otras palabras, el *porqué* del segundo bailarín es más fuerte. En consecuencia (y esto es lo más importante) ese bailarín tiene más probabilidades de persistir cuando las cosas se tornen complicadas, cuando haga falta tener paciencia y practicar mucho, y cuando las cosas se vuelvan difíciles.

> *Toma veinte años lograr tener éxito de la noche a la mañana.*
> —Eddie Cantor

Inevitablemente, todos nos enfrentamos a retos sin importar cuán rosa finjamos que es nuestra vida ante los demás. Todos lidiamos con dificultades, frustraciones, preguntas y confusión, al menos a cierto nivel, parte del tiempo. Sabemos que estos retos vendrán y es fundamental que operemos con un paso básico fuerte:

saber cuál es el rumbo que deseamos que tenga nuestra vida, con motivos sólidos que lo respalden.

Para mí, mi paso básico llegó cuando me di cuenta de que no me gustaba trabajar en el mundo empresarial. La experiencia me disgustó tanto que estaba dispuesto a hacer casi cualquier cosa para evitarla pues no quería esas emociones ni esa imagen de mí mismo.

No sabía aún qué quería, pero saber lo que no quería era el primer paso.

En sentido general, sentí que quería convertirme en un emprendedor. También podía ver que el baile me apasionaba y que quería afectar las vidas de otras personas de alguna manera. Cuando junté estos hechos, finalmente estaba en camino. Era un buen comienzo para mi investigación profunda de lo que estaba buscando: mi propósito, mi meta verdadera, mi *porqué*. Ni siquiera puedo decir cuántas veces se tornó difícil. Perdí la cuenta de los días en que me preguntaba si estaba haciendo lo correcto, o si estaba avanzando siquiera. Sin embargo, mi paso básico era fuerte y pude seguir bailando hasta que las cosas cambiaron. Fue más fácil para mí volver a sentirme motivado, recobrar fuerzas y seguir intentando. Aunque hoy en día siguen apareciendo retos todo el tiempo, mi *porqué* personal es fuerte como el acero.

***

Hemos hablado del *porqué* y de entender la importancia de saber con claridad por qué quieres lograr tus metas. Sin embargo, me gustaría agregar algunos comentarios a este concepto sobre la importancia de divertirse.

Para divertirte, haz algo que *ames*.

Cuando haces algo que disfrutas y que te resulta sencillo y ligero, querrás seguir haciéndolo. En otras palabras, no sentirás que estás trabajando.

Ese sentimiento de que tu trabajo no es trabajo es la clave del éxito.

Existe el mito de que debes trabajar muchísimo para tener éxito, porque mientras más trabajes más resultados obtendrás. Aunque esto tiene algo de cierto, cuando lo que te motiva es una pasión verdadera y te diviertes, en mi opinión, trabajarás muchísimo más y mejor.

Más que eso, trabajar se sentirá como jugar intensamente.

Al hablar con bailarines, ellos siempre dicen que su arte se trata sobre todo de divertirse. Claro, debes tomar en cuenta el tiempo y los pasos, y definir cuál será tu próximo movimiento, pero por encima de todo es importante que te diviertas.

Teniendo esto en mente, uno de los primeros pasos para lograr el éxito es encontrar algo que disfrutes hacer.

Después de todo, echa un vistazo a algunas de las personas más exitosas del mundo. Nadie tuvo que obligar a Michael Jordan a jugar al baloncesto, a él simplemente le encanta jugar. Nadie tuvo que gritarle a Steven Spielberg con un megáfono que se dedicara a hacer películas, a él sencillamente le gusta contar historias a través de filmes. Nadie tiene que vestirse de porrista para motivar a Beyoncé a subirse al escenario, a simplemente ella le encanta cantar.

Lo mismo sucede con los bailarines.

Por supuesto, el camino no siempre es sencillo: hay que practicar, podrías lastimarte, habrá contratiempos, tal vez no logres ganar mucho dinero con esto. Pero, aun así, si disfrutas el proceso esto te llevará muy lejos. Todo el tráfico, las lesiones, el estrés y los supuestos "fracasos" valdrán la pena cuando logres sentir la felicidad que te brinda hacer tu rutina de baile a la perfección.

Gran parte de mi propio viaje estuvo motivada por el deseo de divertirme. Es gracioso pensar que cuando era chico solamente quería divertirme, y ahora he hecho un negocio alrededor del concepto de diversión. Aunque he madurado y he crecido mucho como persona, y me he vuelto más serio en muchos niveles, nunca dejé de lado las ganas de pasarla bien.

Para empezar, me gustaba la idea de tener mi propio negocio y también me gustaban la música y el baile. Entonces, ¡voila! ¡Mi propio estudio de baile! Claro, todo esto iba mucho más allá. También me gusta viajar, y verdaderamente amo el océano.

¿Qué tenemos aquí? ¡Un crucero de baile!

El camino no fue directo, pero cada uno de los pasos que tomé durante mi viaje estuvo motivado por mi deseo de divertirme.

Entonces surge una nueva pregunta, ¿qué te hace levantarte por las mañanas? ¿Qué te apasiona tanto que no puedes dejar de pensar en ello y no querrías hacerlo solo a medias?

Cualquiera que sea tu respuesta particular, probablemente esta sea tu vocación. Mantén tu mente abierta, busca nuevas oportunidades, desarrolla el hábito de convertir las cosas negativas en cosas positivas y no te conformes con recibir un "no" como respuesta.

Esto no significa que el mundo estará de acuerdo contigo, a menos no de buenas a primeras. Habrá días difíciles. ¡Yo sigo teniendo muchos días difíciles! Pero puedo decirte algo: los días difíciles son mucho más pocos que los días agradables, porque he seguido haciendo algo que me hace querer levantarme de un salto por las mañanas, que me mantiene despierto durante las noches y que me impulsa, aunque esté cansado. No es sorpresa, entonces, que prácticamente no duerma durante los cuatro días que dura el crucero de ADC.

¿De dónde saco la energía? Ahora lo sabes.

Sin embargo, si no te gusta levantarte por las mañanas y no soportas ir al trabajo, probablemente sea momento de cambiar. No estás alineado con tu vocación. ¡Deja que alguien más haga ese trabajo! Estoy seguro de que muchas personas estarían felices de hacer lo que tú haces ahora. En cuanto a ti, es hora de que hagas algo que te alegre el corazón.

Desde que escuché este consejo me encantó: si estás buscando un libro y no lo encuentras, escríbelo. Puedes modificar este concepto para inspirarte como emprendedor: si estás buscando un servicio o negocio y no lo encuentras, créalo.

Tu búsqueda de ese algo es en realidad una *idea* disfrazada, y probablemente debas convertir esa idea en realidad.

Versión a compás rápido

- **Domina el *paso básico:* descubre qué quieres y por qué lo quieres**
- **Haz algo que ames, ¡siempre!**

CONCÉNTRATE EN TU PAREJA DE BAILE

Busca servir a otros y el éxito te seguirá.
—Albert Schweitzer

Al llegar a un evento social, a una fiesta o a una discoteca puedes ver con facilidad a algún bailarín tratando de llamar tu atención. Normalmente tratará de hacer movimientos rebuscados y llamativos, sin importar cuál sea el nivel de las habilidades de su pareja. Gritará, golpeará el suelo con los pies, o tratará de alardear con su ridículo sombrero, abrigo, traje, o cualquier otro accesorio tan pomposo que ni siquiera Lady Gaga lo usaría.

Al discutir el paso básico hablamos de auto-examinarte. Irónicamente, una vez que sales a la pista de baile y que bailas sobre un cimiento seguro de cuál es tu propósito, es crítico que te enfoques en tu pareja.

Esto puede parecer contradictorio, y sí da un poco de miedo al principio: estás cediendo parte de tu atención y dedicándosela a alguien más. Pero te aseguro que, en los negocios, en las relaciones y prácticamente en todo lo demás, mientras más te concentres en los demás, mientras menos pienses en ti y más en los otros, más éxito tendrás.

Es muy común ver a bailarines principiantes en la pista

mirando a los lados, pensando en quiénes los están viendo, quiénes están a su lado, y con quién deberían bailar después. Se preocupan por quiénes están viéndolos porque quieren dar una buena impresión o lucirse. Les preocupa quién está cerca porque quieren bailar mejor que la competencia. En lugar de concentrarse en el momento, en bailar y en divertirse, les preocupa con quién bailarán después.

Amigos, no puedo decirles cuántas veces he escuchado chicas quejarse de esto. Odian bailar con alguien que no les está prestando atención. Quieren tener una conexión con ellos, no solo como compañeros de baile, sino también como quienes dirigen en una canción de tres o cuatro minutos, y realmente no están pidiendo demasiado. Al bailar suele decirse que la dama es la pintura y el caballero es el marco. ¿Saben a qué me refiero? El hombre está allí para hacer que ella se vea bien, entonces ¿por qué no enfocarte en tu compañero de baile? Baila a su nivel, sin importar cuál sea el tuyo, y haz que ella luzca bien. A medida que lo hagas, tú también lucirás bien.

Claro, querer verte bien es natural, como también lo es querer estar a la altura (y por encima) de la competencia y saber qué pasará después. No le recomendaría a alguien que no esté al tanto de estas cosas. Sin embargo, primero y principal, cuando estés allá afuera bailando, *¡concéntrate y baila con tu pareja!*

¿Quieres que la gente diga que bailas muy bien? Concéntrate en tu compañero de baile.

¿Quieres que las personas hagan fila para bailar contigo? Concéntrate en tu compañero de baile.

¿Quieres divertirte? Concéntrate en…

Ya sabes el resto.

A donde quiera que vamos, vemos personas que se enfocan en sí mismas por encima de los demás y crean problemas. Pero en la pista de baile todos estamos juntos, bailando la misma canción, y estamos por lo tanto diseñados para cooperar y ayudarnos entre sí. Al dirigir nuestro enfoque hacia adentro, hacia nuestras propias preocupaciones, perdemos la oportunidad de valorar a los demás, y solo podemos ser amados, y por lo tanto tener éxito, cuando valoramos a los demás.

***

El otro aspecto importante de concentrarte en tu compañero de baile es que simplemente es más *divertido*. Podemos sentirnos libres, quitarnos esa carga, y permitirles a nuestros cuerpos hacer lo que quieran, en proporción a cuánta experiencia y talento tengamos. ¡Qué alivio dejarnos ir!

No tenemos que preocuparnos por nosotros mismos, porque al concentrarnos en nuestros compañeros ellos se concentran en nosotros. Así que nuestros compañeros se encargarán. Teniendo esto en mente, podemos desinhibirnos, hacer que las cosas sucedan y acumular energía, impulsando el espectáculo con amor y muchísima alegría.

Los negocios no siempre son divertidos, más bien son difíciles, pero en los negocios trabajo cada día por hacer que cada campo sea divertido, abierto y claro. Teniendo esto en cuenta, mis compañeros de baile son mis clientes y la gente para la cual trabajo. Todo se trata de nuestros clientes y lo que le conviene a nuestra compañía, no de una persona ni de cualquier otra cosa.

Haz las cosas tan bien que la gente quiera verlas de nuevo y traer a sus amigos consigo.

—Walt Disney

Soy sensible cuando se trata de mis clientes. Después de comenzar mi estudio de baile, me sentía maravillado cada vez que venía un alumno por primera vez. Les recordaba a mis empleados que este estudiante no solo tenía que gastar el dinero que había ganado con esfuerzo, sino también levantar el teléfono, hacer tiempo en su agenda, subir a su auto y conducir hasta nuestro local, conseguir un puesto de estacionamiento, traer la ropa y zapatos correctos, y entregarse a nosotros durante el tiempo que duraba su clase.

Estos estudiantes nuevos estaban probando algo nuevo, frente a otras personas, saliendo de su zona de comodidad. Esto no solo era algo exigente: era algo que daba *miedo*.

¡Todo eso es *enorme*!

No estoy hablando únicamente del proceso como un todo. Creo que cada paso es enorme. Recuerdo la primera vez que tomé lecciones de baile en Miami: levantar el teléfono fue un gran paso. No solo estaba buscando emoción y diversión, sino también expandir mi vida social. Esto tenía un significado para mí, no era una llamada telefónica cualquiera.

Los cruceros de baile que producimos no son la excepción. Hemos dicho una y otra vez, "Nos tomamos sus vacaciones muy en serio". Esto suena como una broma, pero es cierto. Nosotros nos encargamos de proporcionar una experiencia magnífica, emocionante y transformadora tanto como sea posible.

Mis empleados también son mis compañeros de baile. La clave para mi éxito individual radica en identificar y usar sus talentos, motivarlos, reconocer lo que hacen y apreciarlos, pero por encima de todo, asegurarme de que todos nos divirtamos durante el proceso. Mi trabajo no es darles órdenes, sino liberar sus talentos y habilidades de manera que todos juntos podamos impulsar la compañía.

***

A menudo, las personas cercanas a mí tratan de dirigir mi atención a lo que están haciendo otros planificadores de eventos: a qué artistas contratan, qué lugares eligen, etcétera. Ahora bien, este tipo de cosas son extremadamente importantes cuando tu negocio está dedicado a eventos únicos, pero si quieres hacer las cosas a largo plazo, tu enfoque principal debe ser las necesidades de tus clientes y agregarle valor a tu propio producto, no el de los demás. Así que evita el error común de pensar que tu competencia es tu compañero de baile. No te enfoques demasiado en ellos. Esto no significa que tus competidores sean tus enemigos, en absoluto. Solamente significa que no son lo más importante. Déjalos hacer lo que hacen, de la manera que lo deseen. No vale la pena que te obsesiones en sus actividades. Como máximo, dedícales el 20 por ciento de tu atención y dedica el resto a tu compañero de baile. No hay manera más sencilla de perderse en los negocios que jugar con tus competidores. Imagina que un corredor de maratones está mirando a las personas a quienes tiene delante y a quienes tiene detrás en lugar de concentrarse en su propio desempeño. ¡De esa manera pierde su norte y su voluntad!

Concentrarte en tu competencia es una pérdida de energía. Te sientes demasiado urgido, demasiado ansioso por ganar. Pero mientras haces eso, ¿quién pierde?

Así es: tus clientes y tu equipo.

Tus compañeros de baile.

***

Una vez salí a caminar con un artista con quien trabajo y comenzamos a hablar sobre cuántos eventos estaban tratando de ser como ADC. No eran necesariamente eventos en un crucero, sino eventos que promocionaban talleres de baile, presentaciones, y diversión. Sin embargo, en muchos casos, quienes producían estos eventos no parecían interesarse por los servicios que estaban brindando y promocionando.

Es gracioso, pero son estos promotores que no aman el servicio que brindan quienes se quejan de la industria del baile de ritmos latinos. Dicen "Bailar no da dinero", "No se puede ganar ni un centavo en esta industria", "Esta comunidad no apoya el baile".

Claro, entiendo a qué se refieren. La industria del baile de ritmos latinos no es una industria de lujo como la del yoga o los spas, pero también recuerdo todos los eventos a los cuales he asistido en que los productores no hicieron las cosas bien.

Prometen un espectáculo de clase mundial, prometen esto, prometen aquello: "de primera", "de vanguardia". Pero no dan lo que prometen y luego se quejan de que no hay dinero en la industria del baile.

Olvídate de dar lo que prometes, ¿qué tal si vas más allá?

¿Por qué no añadir elementos adicionales y sorpresas?

El punto es que cuando tratas a tu compañero de baile como si fuese un rey o una reina, bailarás como si fueses de la realeza sin importar cuáles sean los límites de la industria en la que trabajes. No subestimes a tus clientes, son tan inteligentes (¡o más inteligentes!) que tú. Bien dice aquel refrán, "Si lo construyes, ellos vendrán".

En otras palabras, si agregas valor y brindas algo que valga su dinero y su tiempo, ¡ellos estarán allí y traerán a sus amigos

28

consigo!

Versión a compás rápido

·Concéntrate en tu pareja de baile. **No se trata de ti, sino de quienes te rodean.**

·**No pierdas tiempo en concentrarte en tus competidores. Concéntrate en tus clientes, en tu producto y en tu equipo.**

·**¡Trata a tus parejas de baile como reyes y reinas!**

COMPROMÉTETE CON EL BAILE

La disciplina es el puente entre las metas y los logros.
—Jim Rohn

¡Bailemos!

Una vez que sabes qué quieres y por qué lo quieres es hora de llevar las cosas al siguiente nivel, comprometiéndote, estando seguro y teniendo convicción. Para mí el compromiso no es algo que se toma a la ligera: el compromiso lo es *todo*. El compromiso es un contrato entre ti mismo y aquello con lo que estás comprometiéndote. En otras palabras, estás diciendo que *estás dispuesto a hacerlo* ahora y no hay vuelta atrás.

Cuando las personas se comprometen lo hacen al 100%. Alguien que esté 99% comprometido no está comprometido realmente. La clave es no tener un pie dentro y uno fuera de la puerta. La frase *apostarlo todo* tiene un significado: estás comprometido o no lo estás, no existe un punto medio.

Un tipo que engaña a su esposa de vez en cuando, pero la mayor parte del tiempo se controla no está "mayormente" comprometido. Él ya no está casado. Su cuerpo puede estar presente en el hogar que comparte con su esposa, pero el resto de su ser está en otro lugar.

No sé a ti, pero a mí no me gusta sentir que estoy en dos lugares a la vez. Cuando no estás comprometido tu mente deambula, das vueltas. Tal vez quieres probar esto, o aquello, el rumbo de tu vida es borroso. Las personas no entienden del todo en qué te especializas o hacia dónde te diriges.

Sin embargo, cuando estás comprometido sólo estás en un mundo. No se trata solo de sentirte concentrado sino también de elegir tener una relación con ese enfoque. Estás decidido a concentrarte en *x, y* o *z* por el tiempo que hacerlo sea de provecho para ti.

Eso es compromiso.

Y es maravilloso.

Emplea un lenguaje que proyecte seguridad

Gran parte de comprometerse se reduce simplemente a tu actitud. Algo que me ha funcionado a lo largo de los años ha sido prestar atención a las palabras que uso para expresarme. El lenguaje es una herramienta fundamental que todos empleamos. Las palabras no son simplemente sonidos que producimos, están cargadas de significado y energía.

¿Has estado con alguien que solo usa palabras negativas y, lo que es peor, usa palabras que denotan inseguridad? Se siente terrible, ¿no es cierto? Las palabras parecen escurrirse por su lengua sin poder lograr hacerte sentir inspiración o felicidad.

Cuando estoy con personas así, busco una pared contra la cual pueda golpear mi cabeza.

Emplear un lenguaje que proyecte seguridad es muy importante. Es más, podría decirse que, si no sabes expresarte con seguridad, probablemente no eres capaz de comprometerte realmente. ¿Qué suena mejor para ti? ¿Qué alguien espere tener éxito o que alguien sepa que tendrá éxito?

Imagínate a un chico soltero que quiere tener una novia. Las palabras que elige al hablar del tema son "Espero algún día tener una novia".

Bueno, no parece que ese sea un caballo al cual quieres apostar tu dinero en la próxima carrera, ¿cierto? Quiero decir, sus palabras no me hacen querer ir al banco a hacer un retiro para poder apostar a que este tipo va a tener una novia pronto.

Pero está alguien más. Otro tipo soltero que habla del tema de otra manera. Él no dice "espero", no, él está comprometido a encontrar lo que busca. Dice, "Sé que algún día tendré una novia".

Hay una gran diferencia. Es decir, no es que valga la pena apostar tu dinero en este tampoco, pero si tuvieses que elegir entre ambos, ¿cuál preferirías?

Por favor, no se te ocurra decir que el tipo que dice que "espera" es más realista. Está bien, nadie sabe con certeza qué depara el destino (excepto los videntes, pero eso es otro asunto…). Existe la posibilidad de que el Sr. Espero consiga novia antes que el Sr. Sé, ¿pero sabes qué? Yo apostaría por el Sr. Sé de todos modos porque tiene confianza en sí mismo, y esta seguridad corre por sus venas. Ese tipo de verdad cree en su propio potencial y en lo que le depara el destino.

* * *

Cuando comencé con mi estudio de baile me di cuenta de la manera en que uso el lenguaje. Cada vez que decía "Voy a trabajar" o "Haré mi trabajo" las palabras daban una sensación gris y pesada. Existe un tono de voz casi universal que aparece cuando las personas dicen que van a trabajar. Los hombros les cuelgan, dejan salir un suspiro. No es algo que la gente suela decir con gusto, cerrando los puños con emoción y sonriendo de oreja a oreja.

No me gustaba esa sensación, así que decidí cambiar todo aquello.

No cambié el tono, sino que cambié las palabras que usaba. Ya no decía que iba a "trabajar" sino que iba a ir a mi "estudio de baile". Le dije a mis empleados que hicieran lo mismo. Claro, técnicamente era nuestro trabajo, pero la palabra "estudio de baile" hacía que la discusión fuese más amena. Un estudio es un espacio creativo, en el que se dictan clases. "Estudio de baile" no te trae a la mente trabajo ni cheques u horarios, sino creatividad, elegancia, y lo más importante, nuestra pasión: el baile.

Este cambio sutil resultó no ser tan sutil. De hecho, fue extremadamente poderoso. Estaba cambiando la cultura de nuestro estudio. Como sabemos, cada cultura tiene lenguajes distintos. En ocasiones, una cultura tiene una palabra para denominar un objeto que no existe en otra cultura. Creo firmemente que estas distinciones sutiles y poderosas crean las diferentísimas actitudes entre los seres humanos.

Así que, en mi estudio, en mi pequeña cultura, las palabras como "trabajo" se convirtieron en palabras con una connotación negativa. Eran palabras que mataban el espíritu, y formaban parte de ese grupo de cosas con las que tenían que lidiar otras personas, no nosotros. Ese es uno de los motivos principales por los que nos reunimos a bailar: para dejar atrás esas cosas.

No se permite negatividad aquí.

Al dejar de usar esas palabras, nuestras actitudes hacia lo que estábamos haciendo mejoraron y también estábamos más comprometidos.

Observa cuidadosamente las palabras que estás usando. ¿Llamas a tu esposa "la jefa"? ¿Dices que tu teléfono o tu auto son "una basura"? ¿Qué tipo de actitudes estás comunicando a través de la manera en que empleas el lenguaje? Existe la posibilidad de que, si estás describiéndote a ti mismo, las cosas que tienes y las personas a quienes conoces de una manera negativa o con un lenguaje que proyecta inseguridad, entonces probablemente no estás muy comprometido.

Al cambiar tu lenguaje y tu actitud puedes encontrar un compromiso verdadero, sin lugar a dudas. Hacer esto subconscientemente aumentará tu energía y tu voluntad, y verás mejoras en todo lo que haces.

Tener mala gramática es como usar ropa rota.
—Lisa Jeffery

En general (espero), todos tratamos de tener buenos hábitos. Pensamos y tenemos cuidado respecto a cosas como nuestra ropa, la salud de nuestros cuerpos, y cómo nos comportamos en de acuerdo al lugar en que estamos. ¿Pero cuánto pensamos en nuestras palabras? Tal vez a veces evitamos decir groserías o tratamos de usar palabras más rebuscadas cuando hablamos con alguien inteligente, pero es muy sabio usar palabras positivas. Así como tener buenos modales nos hace lucir bien, usar lenguaje positivo demuestra nuestra energía como seres humanos.

Para mí, darme cuenta de esto fue un gran descubrimiento,

y desde entonces le he prestado mucha atención a mis palabras.

Quema tu barco

Ya sé, ya sé, ¿por qué alguien que trabaja con cruceros usaría un subtítulo como "quema tu barco"? Bueno, para mí el concepto de "quemar tu barco" es sumamente importante cuando se trata de comprometerte con cualquier cosa. Me emociona compartir esta idea contigo porque, a lo largo del tiempo, me he dado cuenta de que al enfrentarme a situaciones distintas debo definir qué es lo que me está impidiendo seguir y luego, *bum*, eliminarlo y seguir adelante.

Este concepto viene de una historia de guerra. El ejército de un general llegó a una nueva costa con intenciones de invadir; estaban listos para avanzar, pero antes de que pudiesen hacerlo, el general dio una orden sorprendente. Les ordenó: "¡Dense media vuelta, vuelvan a los barcos y quémenlos!".

No hace falta decir que sus hombres no podían creer lo que estaban escuchando. "Pero, general…" dijo un hombre, armándose de valor y dando un paso al frente.

"¿Sí?" respondió el general.

"Se da cuenta de que llegamos sobre esos barcos…"

"Claro".

"Y, esto… sabe que necesitamos estos barcos para volver a casa…"

"¡No!"

"¿Cómo no?"

"Porque ahora *este* es nuestro hogar, hijo. ¡Ahora pónganse a trabajar!"

No fue el proceso más natural o intuitivo del mundo, pero una orden es una orden, así que los soldados hicieron lo que se les pidió. Antes de cumplir su misión, que era planear una invasión, recolectaron un poco de madera, encendieron un poco de fuego y colocaron las piezas de madera ardiente en los barcos de los que acababan de bajar.

Seguro fue algo increíble de ver, todos aquellos barcos incendiándose en las brasas. Probablemente fue una imagen increíble no solo para los invasores sino para cualquiera que viese lo que estaba sucediendo.

"¡Estos tipos deben estar locos!" seguramente gritaron.

O no tienen ni idea de lo que están haciendo.

¿El general que dio la orden estaba loco o no tenía ni idea de lo que estaba haciendo? Tal vez ambas. Cuando lo piensas bien, su estrategia fue bastante sabia. Estaba creando un ambiente en el que fracasar no era una. Él sabía eso sobre la batalla: puedes perder, puedes ganar o puedes huir. Una vez que eliminas la opción "huir", estás mucho más decidido a ganar. Nada motiva tanto como la incomodidad. La comodidad, en cambio, puede ablandar a la gente.

Ese general sabía que, si su ejército estaba consciente de que no había manera de volver a casa, estarían dispuestos a luchar con más fuerza.

¿Suena irracional? ¿Increíble? ¿Loco?

¡Bien!

Eso es porque estamos a punto de discutir cuán importante es que encuentres tu "barco" y lo quemes. Ese, amigos, es el verdadero significado del compromiso. Comprometerse no es solamente un proceso mental. El compromiso no se trata de cambiar palabras que proyectan inseguridad a palabras que proyectan confianza. No, el compromiso necesita medidas más drásticas, como elegir eliminar cualquier ruta de escape que tengas.

Cuando me mudé a Los Ángeles, me encantó la nueva cultura y el estilo de vida que ofrecía la ciudad. Es una ciudad llena de soñadores, de personas que han llegado de todas partes del mundo para seguir sus sueños. Puedo asegurarles que cada soñador ha tenido siempre alguien que le aconseje tener un Plan B, un último recurso por si las cosas no salen bien o si tu sueño no funciona.

Pero el general que les dijo a sus soldados que quemaran los barcos no estaba tomando medidas no estaba dejando un último recurso. Claro que no. En lo que a él respecta, es el Plan A o nada.

Punto.

***

Mi camino ha estado lleno de muchos momentos de "quema tu barco".

Siéntete libre, puedes llamarme un loco irresponsable, pero la verdad es que el hecho de no tener un lugar a donde volver me obligó a elegir entre tener éxito o no tenerlo. Mis compromisos en ocasiones han sido abrumadores, incluso me han dado miedo, ¿pero sabes qué es peor que estar abrumado y asustado? Ni siquiera intentarlo. Conformarte. Tomar tu Plan B. Hacer algo que no te apasiona ni te hace feliz.

Cuando haces lo que quieres hacer no te arrepentirás ni siquiera si fracasas, porque en algún momento fue exactamente lo que quisiste. Si no lo haces, vivirás preguntándote: ¿qué habría pasado si…?

Para mí, eso es mucho peor que tener miedo.

> *La mejor manera de predecir tu futuro es crearlo.*
> —Peter Ducker

Cuando era más joven y me mudé a Miami, dejé mi auto en casa. Para mí, ese auto era mi mundo entero. Representaba mi libertad y mi independencia. Pero a medida que me acostumbraba a estar en Miami, llamé a mi papá y le dije que vendiera el auto. ¿Por qué? Porque me di cuenta de que, si no lo tenía esperándome en casa, realmente no tenía nada por qué volver. Claro, tenía a mi familia, a quienes quiero muchísimo, pero no era mi intención pasar todo mi tiempo con ellos. Como era muy joven, mi auto representaba un símbolo grande y brillante de mi antigua vida: pasar tiempo con mis amigos, divirtiéndome y aventurándome. Pero estaba comprometido con tener otro tipo de aventuras en Miami. Así que quemé mi barco. Ya no tendría puerta de salida de este escenario.

Más adelante comencé a perder peso. Perdí alrededor de 20 kilos a lo largo de tres años. Durante esa experiencia, mi momento de "quemar tu barco" fue regalar toda mi ropa grande a una beneficencia cuando ya no me quedaba. ¿Por qué? Porque si me quedaba con esa ropa, tal vez me habría visto tentado a subir de peso de nuevo, ¿sabes a lo que me refiero? Pero teniendo únicamente ropa pequeña en casa, no tenía más opción que mantener mi peso. De ninguna manera me permitiría comprar ropa grande de nuevo, no después de haber quemado mi barco.

Cuando me mudé de Miami a Los Ángeles, tenía la opción

de dejar algunas de mis cosas en un almacén en Miami, pero decidí no hacerlo. No quería tener ninguna atadura física en Miami. Claro, puedo ir a Miami cuando quiera, pero psicológicamente es distinto a tener pertenencias allí. No tener nada allá fue muy importante para mí. Fue parte de mi proceso de comprometerme con Los Ángeles y las metas que tenía allí. Así que elegí cortar cualquier atadura y comenzar de cero. Quemé mi barco para comprometerme con mi futuro.

Por último, pero no menos importante tenemos el ejemplo de ADC.

Cuando supe que esto es lo que quería hacer, que esta era mi pasión y lo que me hace feliz, y cuando tuve un plan financiero que satisfacía mis metas de crecimiento financiero fue momento de quemar mi barco de nuevo y comprometerme.

En esa ocasión, fue mi estudio de baile, mi creación, mi bebé, aquello que me había tomado tanto trabajo antes de que se convirtiese en un negocio capaz de sustentarme financiera y espiritualmente. Sin embargo, sabía que no podía hacer ambas cosas. Si quería salir de mi zona de comodidad y darle a ADC la mejor de las oportunidades de triunfar, como lo deseaba, entonces tendría que dedicarle más tiempo, viajar más… *comprometerme.*

Así que lo hice.

Esto no fue sencillo ni rápido. Tuve que hacer mi mayor esfuerzo por encontrar a alguien que cuidara del estudio. Para entonces, no era solamente un negocio, los empleados y estudiantes ya eran como parte de mi familia extendida. Así que tenía que asegurarme de que los dejaría en buenas manos.

Hice mi mayor esfuerzo, pero también tenía una fecha límite. Aunque postergué un poco las cosas más allá de lo que había planeado, eventualmente y de manera gradual pude apartarme y relegar el trabajo.

Sin lugar a dudas, para mí mi futuro era Aventura Dance Cruise.

Así comenzó un nuevo capítulo de mi vida. No había manera de regresar. Era manera de hacer que las cosas sucedieran.

¡Hora de poner *barcos* a la obra!

***

Muchas veces, cuando hablo con algún amigo que piensa mudarse, descubro que él o ella está dejando algunas cosas en el lugar del que se supone que se está mudando. Tal vez sea la casa de sus padres, o un departamento que compartía con compañeros de piso, pero ahora va a vivir con su pareja. En mi mente, dejar algunas cosas es un gran símbolo psicológico de no estar completamente comprometido. Esencialmente, estás dejando un rastro entre tu nuevo ambiente y el anterior. Es demasiado fácil volver a tu habitación de la infancia cuando ya está decorada con todas tus cosas, ¿no? ¿Pero y si la habitación ahora está vacía y es anónima? Es otra historia. Te sentirás un poco raro respecto a volver a ese lugar, y estarás más consciente de la transición.

Recuerdo que una de mis amigas declaró que después de muchos años como fumadora, finalmente dejaría de fumar. Pero un día noté algo gracioso en su casa: ¡una cajetilla nueva de cigarrillos! La sacudí mostrándola, preguntándole qué diantres pasaba. Dijo que los había recibido como un obsequio hacía mucho tiempo, de un amigo que se los había comprado en una tienda en el aeropuerto. Ella los había guardado "por si acaso". No quería botarlos porque eso sería un "desperdicio". Pero para mí, ¡"por si acaso" es una señal enorme de no estar comprometido! Le dije que se deshiciera de esos cigarrillos pues eran un camino fácil para volver a fumar: un barco listo para llevarla de vuelta a casa.

Así que los echó a la basura y nunca ha vuelto a fumar. Ese fue su momento de "quema tu barco" y yo no podría estar más orgulloso de ella.

Mi momento más reciente de "quema tu barco" sucedió cuando decidí vender mi estudio de baile. Era momento de enfocarme completamente en la compañía de cruceros. Es cierto que los cruceros me daban más ingresos que el estudio, pero durante años ese estudio había sido mi fuente de ingresos. Cortar esta conexión no era tan fácil, pero tenía que hacerlo: estaba comprometido con mi nueva aventura.

Algo que me ha parecido fascinante es que si no cortas esas conexiones, cada vez se hacen más fuertes. Tener tu barco ahí esperándote en la costa no es algo que tienes en tu subconsciente, ¡puede convertirse en una obsesión! Piénsalo. Recuerda el paquete de cigarrillos de mi amiga, esperando a ser fumados. Mientras más días pasaba sin fumar, estoy seguro de que esa cajetilla se convertía más en una opción. Es como tener el número de tu ex en la lista de contactos de tu teléfono. Inevitablemente, algunos días son difíciles. Algunos días no quieres hacer más que volver a tu zona de comodidad.

Sin embargo, cuando no tienes una zona de comodidad esperándote, no te queda más que hacer que seguir adelante: a través de los retos, de la incertidumbre, adentrándote en cosas nuevas y moviéndote hacia tus sueños.

Eso, amigos, es compromiso sin arriesgar tu progreso.

El fracaso puede comenzar, pero solo el éxito puede terminar

Sin importar qué he hecho, siempre ha habido personas que me han hecho saber que no tenía oportunidad de lograrlo. Estas personas eran "realistas", también conocidas como "negativas".

Ha sido verdaderamente increíble. Resulta que puedes conseguir personas así en cualquier lugar del mundo sin importar *qué* estés tratando de hacer.

Cuando abrí mi estudio de baile, estas personas me dijeron que el 80% de los negocios pequeños cierran durante el primer año.

Cuando comencé a estudiar e invertir en el mercado de valores, estas personas me dijeron que el 95% de las personas que invierten en el mercado de valores pierden dinero.

Más adelante, me dijeron que la mayor parte de los eventos de baile producen pérdidas monetarias. También me hicieron saber que la economía estaba tan mal que nadie podía lograr algo.

"No puedes tener un barco entero si no tienes el dinero", dijeron.

"Debes tener más dinero para producir dinero", dijeron.

Una y otra vez yo me limité a asentir con la cabeza y mantenerme tan humilde como fuese posible, mientras una pequeña voz en mi interior susurraba "miren esto…"

Mi negocio no cerró durante el primer año, sino que funcionó durante más de cinco años. Gané dinero en el mercado de valores. Me gané la vida por medio de eventos de baile y la economía desfavorable no me destruyó. De hecho, me establecí económicamente durante la recesión. Pude fletar un barco entero por medio de reservaciones sin pagar por adelantado porque logré ganar la confianza, simpatía y amistad de los ejecutivos que dirigían la línea de cruceros. No tuve que tener dinero para ganar dinero.

Todas estas cosas funcionaron, una tras otra. Naturalmente, sentía un poco de curiosidad respecto a cómo ocurrieron estas cosas, a pesar de que todas estas personas decían que no era posible. Estaba orgulloso de mí mismo, pero sabía que no era una creatura mística que desafiaba las probabilidades.

¿Entonces qué es lo que estaba pasando, exactamente?

Si caes siete veces, levántate ocho.
—Proverbio japonés

En resumen, yo simplemente me limité a seguir haciendo todo aquello que intentaba. Las cosas salían mal muchas veces, tenía días desoladores y difíciles, pero yo seguí adelante, intentando.

Creo que la razón por la cual tuve éxito es porque simplemente fui persistente. "No" es la palabra que no aprendí en la escuela.

Es fácil comenzar algo, pero seguir haciéndolo es difícil. Ser consistente, seguir creyendo, no ceder ni rendirse es lo que requiere determinación. Allí es donde muchas personas fracasan definitivamente.

Las personas exitosas son aquellas que no solo comienzan las cosas, sino que además las terminan.

Las personas exitosas son aquellas que saben que las probabilidades pueden estar en contra de muchas personas, pero que no estarán necesariamente en su contra.

La mayoría de la gente no persevera. La mayoría de la gente vuelve a casa. La mayoría de la gente se conforma.

Si quieres ser exitoso, conformarte *nunca* puede ser una opción.

Versión a compás rápido

- Comprométete al 100% (¡como mínimo!) con lo que estás haciendo.
- Usa un lenguaje positivo y que proyecte seguridad; te impulsará.
- *Quema tu barco:* no dejes un escape fácil para ti mismo.
- Termina lo que comenzaste, ¡eso es lo que cuenta!

VE A LA PISTA DE BAILE

Para evitar críticas no hagas nada, no digas nada y no seas nada.
—Elbert Hubbard

Aquí vamos de nuevo, otra canción: ¡a bailar!

Es hora de tomar acción. Esta es la parte en la que tomas a tu compañero de baile y dan todo de sí en la pista. Sin embargo, tomar acción no se trata solo de salir y hacer las cosas. Lo que es más importante, se trata de desarrollar y promover el hábito de tomar riesgos. Prueba nuevos movimientos, atrévete, arriésgate y ve qué te trae el baile y cómo se desarrollará.

Los límites, como los miedos, suelen ser solo una ilusión.
—Michael Jordan

Es normal sentir miedo de tomar riesgos. No queremos que eventos inesperados interrumpan nuestras rutinas y patrones cotidianos, pero este es el riesgo verdadero: si no tomas riesgos, nunca ocurrirá nada maravilloso. Claro, podrías tener suerte de vez en cuando, tropezándote con alguna circunstancia emocionante, pero si no tienes el hábito de tomar riesgos nunca te encontrarás a ti mismo viviendo cosas emocionantes cada día.

Lo genial de tomar riesgos es que una vez que lo has hecho un par de veces, cada vez se siente menos amenazador y aterrador hacerlo. Ni siquiera importa qué tipo de riesgos sean los que tomes. Pueden ser grandes, pequeños o medios: una vez que te acostumbres a lidiar con ellos, tendrás la seguridad para seguir tomando riesgos. Tenemos que romper las reglas (no la ley), pero si queremos lograr algo maravilloso debemos romper las reglas. Si no lo hacemos, ¿dónde están la diversión y la emoción en la vida?

Cabe destacar que tomar riesgos no solo se trata de ser arriesgado, ni de probar cuán alocado o irresponsable puedes ser. Aunque algunas personas se enorgullecen de ser alocadas, lo que yo quiero decir es que no existen acciones significativas sin tomar riesgos. Piénsalo: ¿cómo luce una acción sin riesgos? ¿Puede un equipo anotar sin bajar sus defensas? ¿Puede un boxeador golpear sin descubrirse la cara? ¿Puede un bote explorar nuevos océanos sin dejar la bahía?

Una acción sin riesgos solo es monotonía, es banal, es rutinaria. Peor aún, es segura. Para que las acciones que tomas cada día tengan un impacto en tu futuro, deben sacarte de tu zona de comodidad.

Cuando inviertes en el mercado de valores, los asesores financieros te enseñan que dependiendo de dónde te encuentres en tu vida y cuáles sean tus metas a nivel financiero, deberías invertir parte de tu dinero en acciones seguras, una parte en acciones de riesgo medio, y un pequeño porcentaje en acciones de alto riesgo. ¿Por qué? Porque nunca se sabe: podrías tener suerte. Además, este enfoque es bueno para la mente. Te mantiene emocionado y concentrado, es saludable para ti: necesitas ese riesgo. Sin ese riesgo podrías aburrirte y tomar malas decisiones. ¡Sencillamente necesitamos esa emoción para divertirnos y para alimentar nuestro espíritu!

Recibe la incomodidad con los brazos abiertos

No busco saltar barras de dos metros: busco las que sí puedo saltar.

—Warren Buffett

Una vez que comienzas a tomar acciones significativas, que incluyen riesgos y salir de tu zona de comodidad, no necesariamente tienes que estar incómodo en todo momento. Los riesgos no deben ser abrumadores ni aterradores para ser considerados riesgos. No, no quiero que te sientas incómodo (¡Aunque "bueno" es el enemigo de "extraordinario"!).

En lugar de esto debes saber cómo manejar tu incomodidad.

¿Cómo hacer eso? Es sencillo: divide tus tareas grandes en tareas más pequeñas. Dejaré de hablar de baile un momento y hablaré de baloncesto: recuerdo cuando Kobe Bryant anunció su retiro. Muchas personas lo felicitaban y le preguntaban sobre su larga carrera. Él le dio crédito a Phil Jackson, su entrenador de toda la vida, por haberle enseñado cómo dividir las tareas grandes en unidades más pequeñas, como dividir años en meses, temporadas en partidos, partidos en tiempos, de manera que él pudiese enfocarse en un pequeño reto a la vez, especialmente cuando se trataba de recuperarse de lesiones y de cansancio durante su carrera.

Esta práctica es efectiva sin importar si estás hablando sobre tiempo u otra unidad de medición. Cuando comes no te echas todo a la garganta de una vez (aunque a veces la idea suene tentadora), divides el plato en bocados. Al cruzar la calle no galopas de un lado al otro, cruzas paso a paso. Estos son ejemplos comunes, pero es curioso notar cuánto olvidamos dividir las tareas en unidades manejables. Esto es especialmente cierto cuando hablamos de tareas difíciles. Tendemos a perder el aliento al ver cuán difícil es cierta tarea, pero cometemos el error de no ver la tarea como una serie de pasos más pequeños y manejables.

Tomemos como ejemplo lo que hacemos en ADC. Producimos cruceros temáticos con más de 2400 personas a bordo de cada uno, los entretenemos continuamente durante entre 72 y 96 horas, los llevamos a otros países y cuidamos de las necesidades vacacionales de cada uno, todo esto mientras además manejamos el riesgo financiero que tomamos, ¡por dios! Cuando ves las cosas así, las responsabilidades parecen abrumadoras.

Mi manera de lidiar con esto es ir por partes. Cada parte

tiene su propio compartimiento: mercadeo, planificación, presupuestos, servicio al cliente, logística durante la navegación, selección de personal y artistas, la comida, la música, etcétera. Hacemos lo mismo con nuestro programa de eventos que siempre está atiborrado de cosas: nos enfocamos en él un día a la vez, una hora a la vez, para un evento a la vez.

Todo se reduce a partes pequeñas, bocados, que no solo evitan que te atragantes, sino que también te permiten disfrutar de tu comida.

Hecho curioso: cada año tiene 365 días, así que, si quieres ganar 1 millón de dólares al año, debes ganar aproximadamente $2.740 cada día. Esto suena muchísimo más realista y fácil de lograr de esta manera, ¿no te parece?

El poder de los pequeños logros: todo suma

Comienzas con el paso básico, agregas un *cross-body lead,* luego un giro a la derecha y, ¿por qué no? Un giro a la izquierda con estilo, luego unos cuantos pasos básicos para recuperar el aliento, mezclas todo nuevamente como desees, ¿y cuál es el resultado?

¡Estás bailando!

Solemos ignorar los pequeños pasos que tomamos, así como también nuestros "pequeños" logros. Sin embargo, estos logros son importantísimos, pues conforman los peldaños que nos llevan a mayores logros.

Concéntrate en tu propio viaje, en tus propios logros y verás cómo sucede algo maravilloso: mientras más logros pequeños acumules, más seguro te sentirás de poder lograr cosas más grandes. Toma paciencia, tendrá algunos contratiempos y fracasos, pero a medida que obtengas tus metas pequeñas te encontrarás a ti mismo pensando con naturalidad y seguridad en metas más grandes.

Una vez que has bailado suficientes piezas y que has asistido a suficientes eventos de baile, bailarás canciones rápidas, "difíciles" o bailarás con una pareja que antes habría intimidado casi sin notarlo.

Estás preparado.

En el estudio de baile, una vez que comenzamos quería lograr que se inscribiese un nuevo miembro cada semana. Una vez que noté que era posible, el número aumentó un poco más y poco tiempo después mi meta semanal de nuevas membresías subió a veinte, luego a treinta, y luego más.

Roger Bannister rompió el récord de cuatro minutos para las carreras de una milla en 1954. Nadie había logrado hacerlo antes, y parecía imposible. Un año después de que rompiese el récord, alguien más lo hizo, y luego otros corredores. Ahora es algo rutinario e incluso algunos estudiantes de secundaria han logrado terminar la carrera de una milla en menos de cuatro minutos.

Una vez que Bannister eliminó la barrera alrededor de ese récord, el resto del mundo vio que esto era algo posible de lograr. De esta manera se hizo rutinario romper un récord que se había mantenido intacto durante nueve años.

Volvamos entonces a mi estudio de baile: tal vez la meta de un nuevo miembro por semana suena sencilla. Sin embargo, para mí era probar algo nuevo y era enorme. Una vez que pude lograrlo y noté que era posible hacerlo, tomé acciones y establecí metas más ambiciosas.

No desees que las cosas fuesen más fáciles, desea ser más fuerte.

No pidas que las cosas sean más sencillas, hazte más inteligente.

Esa es la manera de lograr las cosas, y por supuesto, de poner *barcos* a la obra…

Poner barcos a la obra

"Poner *barcos* a la obra" se ha vuelto un refrán empresarial en ADC. Además de nuestros otros valores, la idea de "poner *barcos* a la obra" es fundamental. Se trata de avanzar sin importar qué pase, sin excusas. Debes mantenerte decidido, enérgico y hacer lo que haga falta para reducir la distancia entre tus metas y tú. Después de todo, quienes hacen las cosas logran las cosas. El éxito no se trata de dónde estás en la vida sino de cuán dispuesto estás a hacer las cosas y poner *barcos* a la obra.

***

Cuando mi compañía apenas estaba comenzando, siempre teníamos que trabajar con la línea de cruceros a través de una agencia de viajes. En otras palabras, aunque esencialmente nosotros *éramos* el crucero, técnicamente la agencia de viajes era el proveedor. Mientras tanto, yo era quien sabía los detalles sobre qué hacía falta para que ADC funcionara. Así que siempre me encontraba a mí mismo dando información a la línea de cruceros a través de la agencia de viajes, y como te imaginarás, gran parte del mensaje se perdía en el camino. Claro, la gente de la agencia de viajes era muy amable y todo, pero hay que reconocerlo: una vez que recibían su dinero prestaban menos atención a los detalles que yo.

Nunca olvidaré nuestro crucero del año 2011. Había una pista de patinaje sobre hielo en el barco, con un anfiteatro alrededor. Durante el evento de patinaje sobre hielo, yo subía al escenario a cada rato como anfitrión, con una gran sonrisa en el rostro. Sin embargo, tras bastidores, era otra historia…

Tras bastidores, un representante del crucero me explicaba que la fiesta que habíamos programado para *dentro de una hora,* ¡no aparecía en su agenda! ¿Te imaginas qué sucedería si les prometes a 700 personas un evento que no sucederá? Trata de decirle a un bailarín o bailarina que no puede bailar, ¡te deseo suerte! Hablar de una protesta y una revuelta sería quedarnos cortos.

Le dije a la empleada de la compañía de cruceros que llamara a la oficina y obtuviese su aprobación. El problema es que todas las personas en la oficina estaban dormidas, y no trabajarían hasta terminado el fin de semana.

Era un sábado por la noche y ahí estábamos, en medio del océano, tratando de crear una fiesta de la nada.

La parte graciosa de esta historia es que nunca antes durante mi carrera tuve que cambiar con tanta rapidez entre mi cara de negociador y mi cara de anfitrión de eventos. Estaba tras bastidores, serio, diciéndole a la empleada de la línea de cruceros que había que hacer algo para resolver esto de inmediato, y luego escuchaba que me llamaban nuevamente, subía al escenario sonriendo y presentaba el siguiente acto entre risas. Luego, *bum*, me libraba de esa sonrisa, iba tras bastidores y seguía diciéndole a la representante de la línea de cruceros lo que opinaba.

Recordar esto me da risa ahora, pero en su momento estaba decidido a hacer que las cosas funcionaran sin importar qué sucediese.

A eso me refiero por "poner barcos a la obra".

Este tipo de cosas siguieron sucediendo en 2012. La agencia de viajes hacía promesas que la línea de cruceros no cumpliría. Finalmente me cansé de la situación y tomé cartas en el asunto. Respetaba la política de la línea de cruceros de no comunicarse directamente conmigo, pues técnicamente yo no era su cliente, pero en cierto punto esa política tendría que ceder. Les dije "Estoy trayendo más de mil personas a bordo de su barco, ¿y ni siquiera pueden hablarme?"

Si yo hubiese estado a cargo de la línea de cruceros, no habría mantenido una política así en esa situación. Así que hice algo al respecto: puse *barcos* a la obra. Busqué direcciones de correo electrónico en internet: enviaría un email a cualquier persona que tuviese el nombre de esa línea de cruceros en su dirección de correo electrónico. No me importaba si eran recepcionistas, lava-ventanas, directores de la junta directiva, propietarios, o cualquier otra cosa. También llamé a todo el mundo, envié cartas por correo tradicional, envié mensajes de atención al cliente en su sitio web, lo que fuese necesario.

¿Era demasiado escandaloso? Sí. ¿Me pasé de la raya? Claro.

¿Funcionó? ¡Por supuesto!

El asunto de ser escandaloso es que, aunque inicialmente le caerás mal a mucha gente por esto, generalmente te respetarán más adelante, presumiendo que tengas un objetivo razonable. Hoy en día, ADC ha pasado a fletar barcos completos y las personas en la oficina de la línea de cruceros me tratan con mucho respeto, así como yo los respeto enormemente. No soy un chico problemático al que quieren mantener callado. Ahora soy su socio y ellos buscan crecer junto conmigo.

***

Esto no significa que yo ya no ponga barcos a la obra. A cierto nivel, siempre seré el chico desesperado que movió cielo y tierra (o mar) para construir ADC.

Recuerdo una ocasión en que una compañía de transporte con la que solía trabajar mucho alquiló una limosina para mí y para mi asistente. Fue un gesto maravillosamente amable, pero ellos no tenían idea de con cuánto equipo viajo para ADC. Es decir, había cables, altavoces, mezcladores, carteles... todo lo que hace falta para hacer un evento en un crucero; fue hilarante ver la expresión del conductor de la limosina cuando comencé a meter todo aquello dentro del vehículo. Fue aún más gracioso llegar al puerto, con gente rodeándonos pensando "¡Guau! ¿Quiénes serán estas personas elegantes?", y luego salimos nosotros arrastrando más equipos que una banda de rock.

Antes de tener acceso a la limosina, solía alquilar un auto grande y llevar todo yo mismo. Las personas siguen haciendo chistes sobre cómo yo cargaba todo solo. Había un par de chicas que trabajaban conmigo, pero ellas no cargarían los altavoces y cables; además, ya trabajaban demasiado. Hace tiempo fui DJ y estaba acostumbrado a llevar mis equipos de un lado a otro.

La parte más loca fue que la línea de cruceros no me dio espacio para guardar mis cosas dentro del barco, pues no querían hacerse responsables por esto. ¡Esas políticas de la línea de cruceros son una maravilla! Ni siquiera me prestaron una carretilla para poder llevar mis cosas de un lado al otro. Así que no solo tenía que ser el loco que llevaba todas estas cosas, sino que además las guardaba en mi camarote. Si has visto el interior de un camarote en un crucero, sabes cuán pequeño puede ser. Es un misterio cómo es que yo lograba dormir allí.

＊＊

Con eso no quiero insinuar que tenía mucho tiempo para dormir, la verdad. Esos cruceros en ocasiones terminaron siendo un montón de imágenes alocadas, emocionantes y borrosas en mi mente. Hace tiempo, durante los primeros cinco cruceros, me la pasaba de pie, llevando altavoces de mi camarote a otro lugar, subiendo y bajando escaleras, esperando eternidades a que llegaran los ascensores, organizando las cosas para las fiestas y luego: *bum,* a bailar y recoger todo a las cuatro o cinco de la madrugada para volver a guardarlo en mi camarote y repetir la historia al día siguiente. En muchas ocasiones el DJ estaba exhausto y se iba directamente a dormir, dejándome solo con el equipo. No era raro para mí irme a dormir al amanecer y levantarme de nuevo a las 7:00 a.m. para poder asistir a los talleres de baile.

Hablando de cansancio, recuerdo que uno de los años organizamos una fiesta playera al atardecer y aprendí algo importantísimo acerca de no organizar espectáculos después de las fiestas playeras. Verás, esta fiesta playera fue alocada, todo el mundo estaba bailando en la arena y tomando cócteles. Antes de que pudiéramos notarlo, se estaba poniendo el sol. Estábamos emocionados, era maravilloso. Precioso.

Luego comenzó a llover.

Inmediatamente busqué refugiarme de la lluvia. Corrí a toda velocidad a protegerme, pero cuando miré a mi alrededor me di cuenta de que había huido solo. Mis huéspedes estaban ahí afuera, en la arena, bailando. ¡Qué agradable ver eso! ¡Me encanta la gente que viaja con nosotros! Corrí de vuelta y los acompañé. El caos, la energía, la espontaneidad: ese evento fue memorable.

Como habrás adivinado, muchas personas estaban un poco bebidas. Gradualmente, iban dando tropiezos de vuelta a la cubierta. Algunos eran miembros del personal de ADC y, a decir verdad, a medida que se dispersaba la multitud dejé de estar al tanto de dónde estaban los miembros de mi equipo.

Pero no importaba porque había sido una fiesta maravillosa.

Volví a mi camarote y me vestí para nuestro evento de las ocho en punto. Pero cuando llegué al lugar, solo hacía falta escuchar el chirrido de los grillos. ¡No había ni un alma! Es decir, sí había cierta cantidad de gente, al menos mil personas.

¡Pero no había ni un artista!

No había músicos, ni DJ, ni bailarines. La fiesta playera había arrasado con todos. Ahí estaba yo, vestido y listo para un gran espectáculo… y era el único miembro del personal que estaba presente en el evento.

Ojalá pudiera decirte que me subí al escenario y comencé a hacer malabares, pero en lugar de esto le di el micrófono a un par de chicos de mi equipo (que no eran artistas) e hice que hablaran con la multitud, que hicieran algunas bromas, y que hablaran con ellos un rato. Aproveché el momento para correr por el barco a toda velocidad.

Uno no puede comunicarse por medio de celulares estando a bordo de estos barcos. Estamos en otro país, la señal no funciona muy bien y las personas no tienen a mano sus dispositivos electrónicos. Así que tuve que correr y encontrar a las personas a quienes buscaba.

Les pedí a esos chicos que entretuvieran a la gente por diez minutos. Bueno, ¡en un abrir y cerrar de ojos diez minutos se convirtieron en sesenta!

Durante ese tiempo, organicé un espectáculo: un puñado de bailarines, un DJ medio dormido, y suficiente entretenimiento para mantener a la multitud contenta y satisfecha.

Sin embargo, algo quedó claro entre toda la acción: ¡no más espectáculos después de las fiestas playeras!

***

Aunque me encanta compartir estas divertidas historias, esta última va de la mano con algo muy serio: mis empleados valen su peso en oro.

Organizar un conjunto de eventos como nuestros cruceros requiere de un esfuerzo monumental, y por eso en lugar de regañarlos a todos por estar cansados, ajusté el programa para evitar que la gente se cansase demasiado temprano.

Piensa en el esfuerzo que tomaría producir el concierto más grande del mundo. Tal vez tu tarea sea entretener a 20 mil personas por dos horas. Si un equipo se daña, no es una tragedia. Solamente debes ir a la tienda y conseguir un reemplazo. Pero cuando estás a bordo de un barco, no tienes esas opciones. Estás allí por varios días, en el medio del océano, y no hay tiendas a las que puedas correr si tienes algún problema.

Como dije, ni siquiera tienes teléfonos celulares para comunicarte. Además, has amontonado muchísimas cosas a bordo, todo esto para generar luces, sonidos, colores y energía. Traer todos estos equipos requirió de esfuerzo físico y además tuviste que hacer una fila larga para pasar los controles aduaneros. Cuando finalmente estás a bordo del barco, tienes que andar correteando de un lado a otro durante tres o cuatro horas, preparando todo para que el crucero esté listo cuando lleguen los huéspedes. Cabinas para DJ, el personal, toda la atmósfera de ADC: todo debe estar listo.

Planificar un crucero es como planificar un concierto importantísimo, y aunque antes trataba de hacerlo todo yo solo, el proceso ha mejorado gracias la ayuda de un equipo de expertos apasionados.

En el crucero del año 2013 teníamos programado atracar en una isla. Este era uno de los eventos principales del crucero, pero la línea de cruceros no nos dijo que habría demasiado viento y nadie bajaría del barco: "La seguridad primero". Claro que en ADC estamos de acuerdo en que "la seguridad primero", pero tuvimos que planificar algo en ese instante y llenar el programa para ese día con DJs y bailarines. ¿Cuánto tiempo teníamos para planificar todo esto? Una hora. ¡Eso era todo!

El hecho de que hayamos logrado semejante proeza es evidencia concreta de cuán bueno es mi equipo.

En el año 2014 mi equipo volvió a lucirse bajo circunstancias difíciles Estábamos a punto de comenzar una enorme fiesta playera, yo había contratado a una compañía local para suministro de iluminación de área y para reproducir nuestra música en sus altavoces, pero ellos no tenían suministro eléctrico. Afortunadamente, yo llegué una hora antes para asegurarme de que todo estuviese en orden… ¡y no lo estaba!

Así que el equipo de ADC entró en acción.

Tratamos de alquilar un generador eléctrico, pero era difícil hacer algo así en las Bahamas un sábado en la tarde y a último momento. Así que contactamos a distintos propietarios de negocios en los alrededores para alquilar sus altavoces.

Colocamos esos altavoces desde los locales donde estaban originalmente y colocamos cables largos, muy largos, hasta el bar con el que estábamos trabajando, donde los DJ trabajaron con la mitad del equipo que usan regularmente. Aunque la fiesta no fue tan organizada como habíamos planeado inicialmente, logramos que funcionara.

Pusimos barcos a la obra, en otras palabras.

Ese es mi equipo. Eso es ADC… hacemos todo lo que podemos para que la fiesta y el baile continúen.

***

La gente se reirá de mí después de esta…

¡Al menos espero que se rían!

Si no te has dado cuenta, en estos cruceros casi no tengo tiempo para respirar. Estoy trabajando muy duro en todo momento (¡cosa que me encanta!), y siempre tengo que sacar tiempo de donde no lo hay para cumplir con todo.

Cualquier persona que haya estado a bordo de un crucero sabe que durante los primeros días se lleva a cabo un ejercicio de seguridad obligatorio. Todos quienes están a bordo del barco deben asistir. Si el personal del barco te ve caminando por ahí, literalmente te llevan hasta un monitor de televisión y te obligan a ver el ejercicio. Hasta el sol de hoy he visto ese ejercicio más veces de las que podría contar. Soy un experto de seguridad y podría dar la presentación yo mismo, así que cada vez que puedo, al inicio del ejercicio, corro a mi cabina y aprovecho esos treinta minutos para cambiarme. Para todos los demás, es momento del ejercicio de seguridad, pero para mí es hora de tomar un respiro y cambiarme de ropa.

No te preocupes por el hecho de que haya roto las reglas, porque (puedes estar seguro), la gente del crucero siempre se entera de que me salté el ejercicio y me hacen verlo, aunque hoy en día podría recitarlo de memoria.

Para mí, vale la pena romper las reglas un poco para poner barcos a la obra. Estoy decidido a proporcionar un crucero excelente, pase lo que pase.

***

Hablando de administración de tiempo, este es un truco divertido que aprendí a lo largo de los años y que recomiendo que uses cuando estés a bordo de alguno de nuestros cruceros. El servicio a la habitación suele ser gratuito en los cruceros, el problema es que la comida tarda más o menos media hora en llegar. Nunca tengo tanto tiempo durante mis días en el crucero,

¿estás bromeando? Media hora libre sería como tener en mis manos una joya preciosa y rarísima.

Así que lo que he aprendido a hacer, antes de salir a un evento, es llamar al servicio a la habitación y ordenar muchísima comida. Estoy hablando de hamburguesas, frutas, pollo, ensalada, galletas: todo lo que me gusta. Luego voy al evento y me olvido de todo. Déjame decirte algo: volver a mi camarote a las cuatro de la mañana y encontrar esa comida es como arrastrarme por el desierto y encontrar un oasis fresco. Me siento a solas, en el océano, a medianoche, comiendo como un rey. Aunque solo vaya a entrar a mi cabina por un momento a buscar algo, es maravilloso tener algo qué comer allí antes de salir de nuevo. Después de todo, a veces no tengo una verdadera oportunidad de comer.

Pide tu comida con antelación para ahorrarte el tiempo de espera y tener una "sorpresa" esperándote más tarde.

Oye, no hay que ser un genio.

Solo se trata de poner barcos a la obra.

Versión a compás rápido

- **Desarrolla y cultiva el hábito de tomar riesgos.**
- **Divide las tareas grandes en tareas más chicas: toma las cosas un paso a la vez.**
- **Recuerda que los pequeños logros forman las bases para los más grandes.**
- **Pon *barcos* a la obra, todos los días de tu vida.**

CÓMO MEDIR EL PROGRESO Y LA CLAVE PARA LA FELICIDAD

El placer puede basarse en la ilusión, pero la
felicidad descansa en la verdad.
—Sébastien-Roch Nicolas de Chamfort

Aunque para mí todos los capítulos de este libro son importantes, este tiene un lugar particularmente especial en mi corazón pues lo que aquí explico me ayudó muchísimo en cuanto a mi felicidad y crecimiento personales.

He aprendido, por medio de seminarios, de manejar mi propio negocio y de mis vivencias, que la clave de la felicidad, bien sea en los negocios, en la salud, o en las relaciones personales, radica en la posibilidad de ver y medir el crecimiento.

¡Eso es! ¡Esa es la clave!

Puede que suene sencillo, pero piénsalo: el crecimiento no solamente nos hace felices, sino que nos motiva a seguir adelante. De hecho, no se me ocurre nada que sea más motivador que ver resultados.

Piensa cómo nos sentimos cuando no sabemos qué tal nos está yendo. Nos sentimos estancados, perdidos, esperamos ver cambios.

Por otro lado, piensa en nuestras actitudes mentales y emocionales cuando vemos resultados. Estamos emocionados, inspirados, sentimos que estamos avanzando y sentimos un impulso.

Los resultados dan motivación. La motivación da resultados.

Aquí es que las cosas se ponen complicadas. En ocasiones, estamos progresando, pero no lo notamos. ¿Por qué? Porque no sabemos cómo medir nuestro progreso correctamente.

Entonces la clave es no solo experimentar el progreso sino saber cómo medirlo.

Cuando vemos que estamos progresando sabemos cómo continuar o progresar a partir de lo que estamos haciendo. Mientras tanto, si sabemos cómo medir el progreso, pero no observamos cambios, entonces es momento de cambiar nuestro enfoque. No hay nada peor que el no saber cómo evaluar nuestro progreso y cambiar las cosas sin necesidad porque pensamos que no estábamos obteniendo resultados, aunque sí los estábamos obteniendo.

El poder de la paciencia combinado con la persistencia: el cuento del árbol de bambú chino

Tomemos como ejemplo el bambú chino.

El bambú chino es el ejemplo perfecto de cómo debemos medir nuestro progreso. Lo loco de estas plantas de bambú es que toma años de regado, cuidado y paciencia antes de comenzar a ver resultados.

Cuando siembras una planta de bambú chino, tienes que ponerte en contacto con toda la paciencia zen que sea posible. Primero, plantas la semilla y luego riegas el suelo constantemente con toda la atención y cuidado que puedas.

Continúas con este proceso durante todo un año.

Y no sucede nada: nada que puedas ver a simple vista.

El segundo año sigues regando, mantienes el proceso sin tomarte pausas. No puedes descuidar al precioso bambú chino que no has visto aún.

Sin embargo, durante ese segundo año no ves resultados.

Comienza el tercer año, cuando ya te has acostumbrado a cuán lento es este proceso. Ahora cuidas de las semillas sin siquiera pensarlo. La jarra de agua aparece en tus manos y tú vas, regar las plantas es tan natural como respirar, caminar o pestañear.

De cualquier manera, el tercer año sigue adelante y aún no sale nada del suelo. Como máximo, puedes ver unos cinco o diez milímetros de bambú saliendo del suelo. Puede que vengan los vecinos y te pregunten qué estás haciendo. Responderás: "Sembrando bambú chino".

Te responderán "¡Ay, qué maravilla! ¿Dónde está?"

Entonces tú señalarás a ese patético pedacito de tierra en tu patio.

Antes de que te des cuenta, llegará el cuarto año. Tú sigues tan constante como siempre, regando tu planta. Piensas en el resultado. Dejas que tus vecinos se burlen de ti, dejas que todos piensen que te volviste loco.

Solo sigue regando, porque ya comenzará el quinto año.

En el quinto año, luego de que has invertido todo tu esfuerzo, de que has sido increíblemente paciente, de que has persistido durante más años, de que has tenido innumerables éxitos y fracasos, has visto gente ir y venir, finalmente observas lo que alguna vez fue un trozo de tierra vacía y ves *muchísimo bambú creciendo en su lugar.*

Cuando digo que verás "muchísimo" bambú, no me refiero a que verás solamente un palito saliendo del suelo. ¡El bambú chino crece hasta a una altura de casi 30 metros!

Es increíble, es abrumador. Apenas puedo imaginar cómo habrá sido para el primer tipo que sembró bambú. ¿Cómo supo que algo saldría luego de cinco años seguidos de regado?

Estoy seguro de que sus amigos pensaron que estaba loco. De hecho, he pensado mucho en esto y me resulta difícil de creer que el tipo *no* estuviese loco. ¿Cómo podría alguien tener tantísima fe?

No importa, es ciencia simple.

¿Cómo crece treinta metros el bambú? Simple. Durante esos primeros cuatro años la planta estaba esforzándose en desarrollar unas raíces extremadamente fuertes y tremendamente largas bajo el suelo. Estaba creciendo mucho bajo la superficie, y aunque esto no era visible, merecía una profunda confianza.

Luego, cuando finalmente estaba listo, retoñó de una manera increíble. Durante dos o tres semanas, ¡el bambú creció a toda velocidad!

Como ves, a veces puede ser difícil detectar el progreso. Por eso es muy importante que desarrollemos un buen olfato para percibirlo.

Me tomó tiempo desarrollar esta habilidad…

Yo creo bastante en la suerte. Y he constatado que, cuánto
más duro trabajo, más suerte tengo.
—Thomas Jefferson

En los negocios, durante mucho tiempo, tuve la costumbre de pensar que mis ingresos eran la fuente principal de mi progreso. Creo que lo mismo sucede con muchas personas en los negocios. Si tus ingresos crecen todos los meses o todos los años, entonces eso es progreso legítimo y una señal de que las cosas están yendo bien.

Mientras aprendía a leer reportes financieros corporativos, y cómo invertir en el mercado de valores, descubrí muchas maneras distintas de evaluar compañías. En ocasiones las ganancias, o balance final, no muestran crecimiento y en ocasiones hay pérdidas, pero si sabes cómo evaluar cuidadosamente a una compañía, podrás notar que las ventas sí crecieron de cierta manera. Tal vez, por ejemplo, la compañía tiene ahora más clientes de los que tenía el año pasado, lo que indica que, si subes los precios un poco o agregas un nuevo producto a tu inventario, la compañía podría percibir muchas ganancias en los próximos años. Tal vez la compañía muestra pérdidas solo porque la junta directiva decidió comprar otra compañía o invertir parte del dinero. Tal vez la compañía pagó viejas deudas. El punto es que, aun si la compañía parece haber tenido pérdidas, un observador con experiencia podrá identificar señales de potencial.

A veces tus ingresos no cambian ni un poco durante meses, o incluso años, o tal vez incluso vayan en la dirección contraria. En momentos así yo me preguntaba si estaba progresando o no, pero habría sido un error tirar la toalla porque: aunque a veces pasaba un año sin percibir crecimiento en mis ingresos, al mirar atrás me daba cuenta de que había hecho otras cosas durante ese año que implicaban progreso como inversiones, crecimiento de mi base de datos de clientes o mejoras a mi sistema de mercadeo.

Con el paso de tiempo tuve que aprender a medir las cosas de una manera no numérica para asegurarme de que sí estaba yendo en la dirección correcta. Como sucede con el bambú chino, las cosas que medía no siempre estaban a simple vista, sino que se desarrollaban bajo la superficie.

Volviendo al ejemplo de las inversiones, lo interesante de los buenos inversionistas es que no solo les interesan los resultados. Claro, los resultados también les importan, pero observan factores menos obvios. Por ejemplo, si las ventas o la base de clientes de una compañía crecen a lo largo del tiempo, aunque los resultados no varíen demasiado, ese crecimiento en cantidad de clientes o ventas sigue siendo valioso para el inversionista pues representan resultados reales. El inversionista sabe que algo tan simple como modificar los costos o mejorar la eficiencia puede producir más dinero a lo largo del tiempo.

En resumen, la clave para medir el progreso es buscar actividades que genuinamente representen progreso. No tiene que ser algo exacto o numérico, solo tiene que moverse en la dirección adecuada.

***

He fracasado muchas veces en los negocios. No veo estas circunstancias como "fracasos" en el sentido más puro de esa palabra, sino que los veo como peldaños. Aunque el estudio de baile ahora forma parte de mi pasado, con él aprendí sobre servicio al cliente y contabilidad. Aunque hice varios sitios web que ya no existen, con ellos aprendí sobre SEO y mercadeo. Aunque produje un DVD de baile que no tuvo mucho éxito, haciéndolo aprendí sobre el proceso de producción. Aunque organicé muchos eventos que no quedaron para la posteridad, haciéndolos aprendí como organizar eventos.

Claro, no estaba súper emocionado (un eufemismo) con los resultados que obtuve, pero cuando analicé mejor la situación me sentí satisfecho al darme cuenta de que siempre hubo resultados positivos.

Esto tiene que ver también con las relaciones interpersonales. Cuando estás en una relación, siempre quieres asegurarte de que estás creciendo con tu pareja y que no se están estancando. Es importante sentir emoción por hacer cosas nuevas. Primero se conocen, luego se hacen pareja, luego se mudan juntos, luego se comprometen, se casan, compran una casa, tal vez tengan un hijo, y así sucesivamente.

De nuevo, la clave de la felicidad es seguir adelante. No hay nada peor que sentir que pasó un año entero sin que hubiese progreso o sucediesen cosas positivas. Ese es el motivo por el que, en las relaciones, las personas se molestan cuando sus parejas no hablan de matrimonio o están abiertos a la posibilidad de tener hijos. Es porque el tiempo es precioso y todos queremos aprovechar nuestro tiempo al máximo. Esto no solo se aplica a las relaciones románticas, sino también a nuestras relaciones familiares. Todos queremos sentir que estamos creciendo y mejorando dentro de nuestras relaciones, y no que estamos repitiendo los mismos ciclos una y otra vez.

También he aprendido que observar resultados es algo increíblemente importante cuando se trata de perder peso, pero como sucede con el dinero, los números no son todo. Claro, es importante bajar unos kilos, pero ¿qué pasa luego, cuando te estancas? ¿Significa que fracasaste? ¿Qué ya no mejorarás? No necesariamente.

Tal vez ha aumentado tu resistencia, o tu velocidad. Tal vez llegaste a tu peso y ahora debes concentrarte en tonificar y mejorar tu apariencia perdiendo grasa corporal o aumentando tu masa muscular.

Como dije, el punto es mantener los ojos abiertos para observar señales legítimas de progreso que son más sutiles que otras más evidentes, porque somos más felices a medida que observamos señales de progreso.

***

Muchas personas famosas y exitosas como Bill Gates, Steve Jobs, Oprah Winfrey, Walt Disney, Michael Jordan y otros son reconocidos por tratar de mejorar continuamente. No solo son inspiradores porque buscan resultados, sino porque siguen buscándolos y obteniéndolos.

Siempre he hecho todo lo posible por seguir su buen ejemplo. Cuando estaba en la universidad obtuve mi diploma de pregrado y luego mi maestría. En mi primer negocio siempre busqué maneras de aumentar mis ingresos y hacer crecer mi base de clientes. Ahora que tengo la línea de cruceros, pasé de reservar cruceros a fletar barcos, y luego más barcos, y planificar fletar barcos mucho más grandes.

Aprender inglés también fue un proceso de crecimiento para mí. Primero tuve que aprender cómo hablarlo y luego cómo hablar en público. Tuve un profesor de oratoria, traté de mejorar mis presentaciones y mi capacidad para hablar en público continuamente.

Cuando pasan uno o dos meses y no he leído un nuevo libro, no he visto una película inspiradora o he aprendido algo nuevo, ¡juro que siento que voy a enloquecer! Tengo que entrar a Amazon o iTunes, echar un vistazo y comprar algo que estimule mi mente.

No hago esto para convertirme en un experto, para ser el mejor de todos ni para aplastar a mis competidores. No. Hago esto para mantener mi mente abierta, para seguir en movimiento y obtener una felicidad verdadera porque estoy en un estado de crecimiento constante.

He visto a muchas personas graduarse de la universidad y tratar de que eso les baste para toda la vida, pero eso no es realista. Tienes que mejorar constantemente. Antes de que te des cuenta, tu diploma estará viejo y empolvado. El mundo cambia con mucha rapidez actualmente: la tecnología, la manera en que nos comunicamos, cómo hacemos negocios, todo. Si crees que la educación que has recibido hasta ahora es todo lo que necesitarás, te quedarás atrás.

Si mantienes tu mente abierta, sigues aprendiendo y buscas resultados continuamente puedes estar seguro de que te mantendrás a la delantera del juego.

¡Si crees que la educación es cara, prueba la ignorancia!
—Derek Bok

Cuando estudiamos baile, todos comenzamos como principiantes y tenemos que dedicar tiempo a aprender los pasos básicos. Luego el siguiente paso es baile intermedio, y luego baile avanzado. Durante este tiempo comenzamos a viajar, bailamos en público, probamos nuevos profesores, superamos nuevos retos.

¿Qué sucede luego?

He escuchado una y otra vez, de boca de los bailarines a quienes conozco, que si bailas durante mucho tiempo algo significativo sucede cuando ya tienes dos o tres años en el proceso, y es algo difícil de explicar con palabras.

Después de tanta práctica, tantas clases, tantas reuniones sociales, tantos compañeros de baile y situaciones distintas, algo sucede. Finalmente te sientes más cómodo en la pista de baile, obtienes una conexión más natural con la música y los ritmos, y como resultado te vuelves más creativo. El motivo de esto es que te sientes más cómodo. Los pasos ahora forman parte de ti y no tienes que pensar en ellos. Comienzas a escuchar la música, las letras de las canciones, te concentras incluso en los instrumentos musicales y comienzas a anticipar cada pausa en la canción. Ahora te diviertes de una manera distinta: estás en "la zona".

Luego, si sigues aprendiendo y practicando, descubres que puedes crecer cada vez más. Siempre puedes cambiar el mismo paso de diez o veinte maneras distintas. A medida que continuas, se vuelve más fluido. Cambias tu postura, tu sonrisa, tu actitud y tu estilo.

También cambias dependiendo de la canción que esté sonando, su velocidad, su sonido, su ritmo, su textura, su tono y su emoción. Sin importar cuál sea, puedes aplicar un estilo que se ajuste y exprese algo como solo tú puedes hacerlo.

Para mí es sorprendente cuán distinta puede ser la misma clase para cada una de las personas que asisten; aprenden los mismos pasos y ejecutan los mismos movimientos, pero lo hacen de una manera drásticamente (y hermosamente) distinta. Todos somos únicos y estamos aquí naturalmente para expresar una historia diferente.

Mi punto es el siguiente: si no estás creciendo, estás muriendo. Las posibilidades son infinitas, y siendo así, las oportunidades de crecimiento y expansión lo son también.

Por lo tanto, siempre existimos en un estado de progreso.

***

La pasta es pasta, claro, pero es un plato que cambia muchísimo dependiendo de qué le pongas. Diferentes salsas, especias, lo que sea. Con el baile es igual, puedes variar el mismo tema de miles de maneras distintas.

Puedes hacerlo por siempre.

Puedo hablar de este tema durante muchísimo tiempo porque me emociona profundamente, pero en caso de que no te haya convencido aún, estas son las cinco razones principales por las cuales debes medir tu progreso:

1) Medir tu progreso te mantiene motivado.
2) Medir tu progreso demuestra tu crecimiento o falta de crecimiento.
3) Medir tu progreso te permite hacer ajustes. La información y el conocimiento se traducen en poder. En cualquier caso, las acciones que tomes eventualmente te ayudarán a crecer.
4) Medir el progreso es *divertido.* Siempre le digo a la gente que es como un juego y que lo hago para ganar más puntos; la diferencia es que las cosas que obtengo al jugar este juego son mucho mejores que los puntos.
5) Medir tu progreso te da práctica en cuanto a establecer metas, y mientras más practiques, más te acostumbrarás a establecer metas y podrás lograr más cosas.

Una meta sin un plan no es más que un deseo.
—Antoine de Saint-Exupery

A medida que te abres camino en cuanto a la medición de tu progreso, siempre pídeles consejos a profesionales con experiencia. Después de todo, ¿para qué vas a pedirle consejos a personas que nunca hicieron hacer lo que tú estás tratando de hacer? Es decir, puede que tu amigo soltero te quiera mucho y quiera lo mejor para ti, pero no es la persona más calificada para darte consejos sobre relaciones.

Sin embargo, recuerda que una persona experimentada no necesariamente tiene que ser una persona exitosa. Como ya sabemos, en ocasiones la experiencia lleva a fracasos. En cualquier caso, sin importar cuál haya sido el resultado, cualquier experiencia es mejor que no tener ninguna experiencia.

Así que me gusta hablar tanto con personas que hayan fracasado como con personas que hayan tenido éxito porque me gusta descubrir qué hicieron mal para no cometer los mismos errores.

Teniendo esto en consideración, tal vez no sea mala idea escuchar a tu amigo soltero después de todo. Si es soltero y acaba de terminar una relación, tal vez deberías escucharlo y escuchar por qué le pasó esto. De esa manera, cuando trates de mantener intactas tus relaciones, no cometerás los errores que cometió ese tipo.

Nuestros fracasos y los de los demás pueden ser muy valiosos cuando se trata de progresar y medir resultados.

Nunca olvides que mientras más progreses, más aprenderás a medirlo, e inevitablemente serás más feliz.

Versión a compás rápido

- **La clave de la felicidad es crecer y ser capaz de medir tu progreso.**
- **Recuerda cómo crece el bambú chino: los resultados no se encuentran siempre a simple vista.**
- **Los fracasos no son más que éxitos disfrazados.**
- **Existen la posibilidad de que estemos rodeados de progreso; solo debemos estar listos para reconocerlo y aprovecharlo.**
- **¡Estudia a las personas que han tenido éxito en aquello que tú quieres lograr (y a quienes han fracasado en lo mismo)!**

EL GIRO "CORRECTO"

La vida es como el baile. Si tenemos una pista grande, podrán bailar muchas personas. Algunos se molestarán cuando cambie el ritmo, pero la vida cambia todo el tiempo.
—Don Miguel Ruíz

Al principio de nuestro entrenamiento en el baile aprendemos sobre ciertos giros. Existe el giro a la derecha y el giro a la izquierda. Nuestros pies nos llevan hacia un lado y hacia el otro.

Sin embargo, en realidad, no existe un giro "correcto": es decir, no existe tal cosa como una dirección correcta hacia la cual debamos movernos. En otras palabras, es necesario que aceptemos el hecho de que las cosas cambian todo el tiempo. Cuando se nos presenta una disyuntiva no importa si giramos a la derecha o a la izquierda porque, eventualmente, sin importar qué camino tomemos, aparecerán cambios y tendremos que lidiar con ellos.

Así que esta parte del libro se trata sobre aceptar los cambios y usarlos como herramientas para avanzar de la mejor manera posible. La verdad es que los cambios ocurren sin importar si queremos que sucedan o no, así que para crecer lo mejor es aceptar los cambios y aprender a vivir con ellos.

Aceptar el cambio es una parte fundamental de mejorar y crecer.

Nosotros planeamos y Dios se ríe.
        —Antiguo refrán yiddish

Mi momento de "suficiente"

Con el paso de los años he aprendido el poder de algo que me gusta llamar el "momento de suficiente". Este es el momento en que dices "ya basta", ya has tenido suficiente. Es el momento en que ya no puedes tolerar las circunstancias ni un segundo más. Cuando llegas al momento de "suficiente", ya no puedes aceptar las cosas como son y tienes que cambiarlas.

Por supuesto, esta es la esencia de aceptar el cambio.

¿Cuánto tiempo toma dejar de fumar? ¿O dejar las drogas, o decidir bajar de peso? ¿Cuánto tiempo te toma conocer a tu media naranja? ¿O lograr una meta apremiante?

Te diré cuánto tiempo toma: un momento. La fracción de un segundo.

Eso es todo.

No es un proceso que toma semanas, meses, años ni horas. Es un momento único y simple. Es el concepto de "la gota que derramó el vaso". Tal vez ocurre a partir del comentario de alguien, o porque estás atrapado en una situación. Sea lo que sea, ya no puedes tolerar la forma en que están las cosas ni un segundo más. Por esto debes obligarte a hacer el cambio.

Para entonces, ya no se siente como que estás obligándote: ahora tú deseas ese cambio más de lo que deseas que las cosas sigan como están.

Claro, llegar a este momento tomó días y noches y horas, pero cuando se trata de decidirlo, es solo un instante. Nadie queda en bancarrota ni engorda de la noche a la mañana. Cuando los negocios fracasan, esto no sucede porque se tomó una mala decisión. No, toma tiempo que las cosas se acumulen, como el bambú chino del que hablábamos antes.

Pero eventualmente, amigos, es un momento.

Lo sé porque he estado ahí.

***

Allí estaba yo, un joven ambicioso de veintitantos, con un negocio propio en Estados Unidos.

Había pasado por todo un viaje. Había obtenido mi título de pregrado y luego mi maestría. Había trabajado para otras personas, y luego había tomado el paso de abrir mi propio estudio de baile.

Una parte de mí me advertía: "No lo hagas, estás condenado a fracasar".

Otra parte de mí me animaba: "¡Eres lo máximo! ¡Eres una estrella! ¡Nada puede detenerte!"

Entre todo el ruido y las opiniones contradictorias, me establecí como un empresario. Era algo verdadero, y me encargaba de mi empresa todos los días.

Pero no estaba prosperando.

Nadie sabía la verdad respecto a cómo estaba me estaba yendo. En casa, muchos de mis familiares estaban contentos por mis logros. Yo era el tipo ambicioso que había ido a Estados Unidos, que había estudiado y obtenido títulos, que había aprendido un nuevo idioma y una nueva cultura, y al que en general le estaba yendo de maravilla.

Sin embargo, la verdad es que a duras penas me ganaba la vida. Mis cuentas se acumulaban. Seguía experimentando nuevos servicios distintos para obtener nuevas fuentes de ingreso. A cierto nivel, nadie podía echarme la culpa porque abrí mi negocio durante la Gran Recesión, todos estaban pasando trabajo. Sin embargo, no quería ser una de esas personas que culpaban a la economía por sus situaciones.

Sabía que de encontraría la forma de mejorar mi situación de alguna manera, pero cada día me encontraba a mí mismo estancado, tratando de avanzar.

Mi gran momento de "suficiente" sucedió cuando quise comprar un boleto para ir a casa a visitar a mi familia. Era un instinto completamente natural y común, algo que las personas experimentan cada momento de cada día.

Sin embargo, cuando entré a Internet y comencé a buscar opciones de vuelos, la realidad me golpeó: ni siquiera podía costearme un boleto de avión.

Uno pensaría que un gran empresario estadounidense no tendría problemas comprando un boleto de avión para visitar a su familia, pero ahí estaba yo, sin el dinero para hacerlo.

Déjame decirte esto: fue un momento devastador.

No perdí control de mis emociones, pero la verdad, este episodio sutil y silencioso me gritaba la palabra "suficiente".

Nunca sabes de dónde vendrán estos momentos. Estos momentos te toman por sorpresa.

En mi caso, la vergüenza de no poder comprar ese boleto tuvo una fuerza tremenda. Estaba harto de ganarme la vida a duras penas. Estaba harto de ser un empresario de segunda. Estaba avergonzado de que a pesar de tener un estudio elegante y ofrecer un menú de servicios, mi vida era como la de muchas personas a mi alrededor: vivía la vida mes a mes, en el mejor de los casos.

No había venido a Estados Unidos para esto. No me había dedicado a mis estudios para lograr esto. No había abierto ni propia empresa para esto.

Algo tenía que cambiar, ahora mismo.

Había tenido *suficiente*.

***

Lo interesante es que cuando sucede tu momento de "suficiente" generalmente te das cuenta de que no solo hay un problema deteniéndote, sino que todo tu estilo de vida no está funcionando bien en ese momento.

En mi caso, cuando tuve mi momento "suficiente", tenía sobrepeso, no estaba en forma, estaba soltero y no estaba progresando mucho en el arte del baile. Acababa de luchar por obtener una visa para ir a casa y ni siquiera podía costearme el boleto de avión.

Por esto es muy importante entender que no hay un giro "correcto". Cuando tienes tu momento de "suficiente" no es tan sencillo como decir, "Ah, solamente haré *x, y* o *z,* y luego todo será distinto por arte de magia".

No: no funciona así.

El cambio verdadero proviene de tu interior. Comienza con la mentalidad y actitud correctas. No salí de esa situación solo por decir, "Comenzaré a ofrecer nuevos servicios, y luego tendré más dinero y podré comprar un boleto de avión".

No es así de simple.

Mi cambio tenía que suceder a todo nivel. Tenía que adelgazar y ser más saludable. Tenía que ser más atractivo para mis parejas potenciales. Tenía que esforzarme con respecto al baile para mantener mi posición como un experto en mi arte. Tenía que ser mejor y más inteligente como empresario, obtener más herramientas y crear un mejor equipo a mi alrededor.

En otras palabras, no se trataba solo de dinero o de un boleto de avión, se trataba de la manera en que me enfocaba en las cosas a diario.

Finalmente, todo debía cambiar.

Para que el cambio sea significativo, tiene que ser profundo.

Cuando el cambio es profundo, *todo* cambia.

> *Si quieres algo que nunca has tenido, debes estar dispuesto a hacer algo que nunca has hecho.*
> —Thomas Jefferson

Cuando aprendí a bailar, lo hice a nivel social. Nunca busqué convertirme en un profesional.

Recuerdo que cuando apenas estaba comenzando, me tomó mucho tiempo reunir el valor necesario para pedirle a las mujeres que bailaran conmigo. Una voz en mi interior me decía que no estaba listo para hacerlo y que no era suficientemente bueno. Pero al mirar hacia atrás, ahora me doy cuenta de que debí hacer las cosas más rápido. Es como cuando abres tu propio negocio: sabes que lo primero que intentes probablemente no funcione, así que lo mejor que puedes hacer es intentarlo de una vez: al mal paso darle prisa.

> *Solo hazlo.*
> —Nike

Había una mujer que asistía a estos eventos con quien yo realmente quería bailar. Ella bailaba muy bien, era muy atractiva y siempre llamaba mi atención.

Así que una noche me armé de valor para acercarme a ella y le pedí que bailase conmigo. ¿Qué es lo peor que podía pasar? ¿Que dijera que no?

Bueno, resulta que eso no es lo peor que podía pasar.

Ella dijo que sí y bailó conmigo, pero a mitad de la pieza se detuvo y no quiso continuar. Me dio una excusa tonta, pero yo sabía perfectamente por qué se había ido…

Ay, pobre Moshe…

Lo interesante de esto es que, en el mundo del baile, lo que ella hizo fue de pésima educación. Los bailarines sociales e instructores siempre deben concederles una pieza a estudiantes y principiantes, por cortesía y para darles la oportunidad de practicar. De hecho, cuando aprendí a bailar mejor me encantaba bailar con principiantes. Hacer que lucieran bien era un gran reto para mí. Cualquiera puede bailar como un profesional y verse bien, pero no es tan sencillo hacer lo contrario. De cualquier manera, en ese momento no lo sabía, así que realmente no contaba con que ella me aceptase, sin embargo, en retrospectiva tal vez ella tampoco era tan avanzada, al menos no en cuanto a nuestra costumbre de amabilidad.

A fin de cuentas, ella me rechazó.

Esto no me rompió el corazón, no corrí a casa a llorar hasta quedarme dormido. Solo fue una bifurcación en el camino. Podría haber dicho "Ay, ¿sabes qué? Se acabó. Esto no es para mí".

O podría haber dicho "Ah, ¿sí? ¡Mira esto! Cambiaré eso".

En otras palabras, no iba a ser el tipo al que la gente rechazaba.

¿Cuál de las dos crees que elegí?

***

Pasaron tres años.

Estaba en el mismo lugar: un icónico baile social en el sur de Florida. Todos estaban bailando, incluyendo a esa mujer que me había dejado a mitad de pieza. No planeé estar en el mismo lugar que ella, pero ahí estaba.

Me miró y me vio bailar.

Luego se me acercó y me pidió bailar una pieza. Al principio, ni siquiera la reconocí.

La miré. Claro que acepté bailar con ella. Nos divertimos bailando, y cuando terminamos me dijo "¡Dios mío! ¡Eso fue grandioso! ¡Dios mío! ¡Eres increíble!"

Debo decir que yo no era un experto del baile. Simplemente había mejorado hasta el punto en que ya sabía lo que estaba haciendo. Me divertía, me sentía seguro de mí mismo, sonreía.

Además, no buscaba vengarme. No me incliné después de nuestro baile para susurrarle al oído "¡Hace tres años fuiste una perra conmigo!".

El solo hecho de saber que ella me había gustado a mí, que había disfrutado de nuestro baile y que me halagó al terminar fue suficiente. Me dije a mi mismo "¡Guau! ¡Lo logré!"

Era una señal del universo para confirmar que había tomado el giro "correcto" y aceptado un cambio positivo. Lo que sentí ese día fue invaluable.

Incluso cuando te está yendo mal, las cosas pueden cambiar.

Y estar abierto a cambios es la mejor manera de cambiar la situación.

Versión a compás rápido
- **Las cosas cambian todo el tiempo.**
- **Debes estar abierto y aceptar *cualquier* cambio.**
- **Generalmente los cambios importantes son cuestión de momentos importantes.**
- **Cuando aproveches tu *momento "suficiente"*, cambiarás las cosas.**

EL BAILARÍN FIEL

He tenido muchas preocupaciones en la vida, y la
mayoría de ellas no sucedieron jamás.
—Mark Twain

No soy una persona particularmente espiritual. No es que
no crea en algo más grande que yo mismo; lo que sucede es que
creo firmemente en el poder del trabajo arduo cuando se trata de
llegar a donde quieres ir. Habiendo dicho esto, el trabajo no lo es
todo. Así que también es importante tener fe.

Volviendo al ejemplo del bambú chino, piensa cuánta fe
hace falta cuando esperamos a que crezca esa planta. Ampliemos
nuestro enfoque un poco más: piensa cuánta fe necesitas para
esperar a que crezca *cualquier* planta.

Claro, podemos esforzarnos mucho. Podemos preparar el
suelo, plantar las semillas, asegurarnos de que tengan una
exposición al sol adecuada, regar la tierra todos los días. Pero más
allá de eso, todo queda en manos de la naturaleza y no nos queda
más que tener fe en su sabiduría.

Sucede lo mismo con todo lo demás que hacemos, desde
tener hijos hasta crear una empresa. Sí, podemos esforzarnos
mucho, de manera asertiva, pero después de cierto punto, sin
importar qué hagamos, las cosas están fuera de nuestras manos.

El hecho de que no tengamos control sobre estas cosas no debería darnos la opción de encogernos de hombros. No deberíamos decir, "Bueno, hice lo mejor que pude. Ahora esperaré".

¡Esa es la actitud *incorrecta*!

La actitud correcta sería: "Planeé todo lo mejor que pude. Trabajé mucho. No todos los detalles dependen de mí. Por esto, me siento confiado de que todo saldrá bien".

¿Ves la diferencia? La primera mentalidad es pasiva y la segunda es activa. La primera es débil y la segunda es fuerte. La segunda es la mentalidad que encontrarás en las personas exitosas.

Cuando abrí mi estudio de baile y luego mi compañía de eventos/cruceros, no tenía idea de a dónde se dirigían las cosas. Lo mismo sucedió con mi decisión de venir a Estados Unidos para convertirme en un ciudadano americano y educarme. No tenía ni idea de cuál sería el resultado de esto. No tenía un par mágico de anteojos que me permitiese ver bien cómo iban a salir las cosas. En lugar de esto, tenía que luchar, dedicarme, trabajar y confiar, día tras día, en que las cosas iban a funcionar.

Y lo hicieron.

Aun hoy, mientras trato de lograr nuevas cosas, lucho, me dedico, trabajo y confío en los resultados. ADC sigue haciendo historia continuamente, pero esto no significa que escribimos la historia antes de zarpar. De la misma manera en que no se puede poner el carruaje delante del caballo, no puedes escribir la historia hasta que termine. Lo mejor que puedes hacer es vivir la historia con mucha fe de que las cosas irán bien.

Me he encontrado a muchas personas que están estancadas porque no saben qué tipo de resultados les esperan. Las personas así se resisten a tomar cualquier paso hasta estar seguros de qué les depara el destino. La mala noticia es que nadie sabe eso. No importa a cuántos videntes contrates: no obtendrás un pase gratuito que te permita saber cómo funcionará eso que quieres lograr.

Teniendo esto en cuenta, tu capacidad para trabajar arduamente y tu fe de que las cosas saldrán bien son tus mejores armas. El optimismo siempre consigue la manera de doblegar a la incertidumbre. Sí, la vida es impredecible, pero a los optimistas no les importa. Ellos le verán el lado positivo a cualquier acontecimiento. ¿El día está lluvioso? ¿Qué importa? Es un buen motivo para quedarte en casa y bailar, o mejor aún, ¡para bailar bajo la lluvia!

***

En el baile, algo clave que aprendemos desde el principio es cómo cambiar todo nuestro peso corporal de una pierna a la otra. No solo debemos aprender a hacerlo, sino que debemos aprender a hacerlo con seguridad.

Esto es algo que no se puede lograr a medias. Literalmente, es una situación de todo o nada. Necesitamos poner todo nuestro peso (hasta el último gramo) en una de nuestras piernas o en la otra.

Cuando logramos dominar este elemento del baile, el estilo mejora de forma natural, nuestros cuerpos se mueven con más fluidez de arriba abajo y nos sentimos estupendos.

Esto sucede porque cambiar el apoyo de nuestro peso corporal requiere de mucha seguridad. Es casi como el juego de confianza que jugábamos cuando éramos pequeños, en que un niño cerraba sus ojos y se dejaba caer de espaldas, completamente seguro de que los demás estarían allí para atraparlo antes de que cayese al suelo.

Sin embargo, cuando cambiamos el apoyo de nuestro peso, solamente nos tenemos a nosotros mismos para "atraparnos". Esto es algo en lo que no pueden ayudarnos nuestros compañeros. Estamos solos y necesitamos confiar en nuestro propio cuerpo.

Antes de que logremos dominar este movimiento finalmente, tenemos que estudiar, practicar, experimentar y fracasar. Después de todo eso estaremos armados con conocimiento y habilidades. Sin embargo, más allá de todo el conocimiento y habilidades del mundo, siempre necesitamos tener fe.

Si volvemos a los ejemplos de sembrar plantas en un jardín o abrir un negocio, en cierto punto, la naturaleza sigue su curso. No nos ayudará pensar, tener esperanzas ni preocuparnos.

La fe sí será útil y nos ayudará a seguir adelante. Es como caminar. ¿Puedes caminar sin cambiar todo tu peso corporal de una pierna a la otra? Imagina cómo sería tratar de hacer eso. ¿Cuán lejos podrías llegar? Imagina tratar de levantarte de la cama en las mañanas sin sentir la seguridad de que hay un suelo firme bajo tus pies. No tienes que pensarlo, simplemente sabes que está ahí.

Esta es una definición del emprendimiento tomada de la Escuela de Negocios de Harvard: "El emprendimiento es la búsqueda de oportunidades sin importar cuáles sean los recursos sobre los cuales se tiene control actualmente". En otras palabras, el emprendimiento es la búsqueda de oportunidades sin saber exactamente con cuáles recursos contamos (es decir, cómo lo lograremos). Encuentra el *por qué,* y el *cómo* aparecerá más adelante.

El punto es, ten fe, ten confianza y sigue adelante.

Si eres un bailarín, la próxima vez que trates de hacer algo difícil piensa en cambiar tu peso de una pierna a otra. Es posible que no lo hayas logrado con facilidad la primera vez que lo intentaste, seguramente ni siquiera estuviste cerca de lograrlo. Sin embargo, al final, gracias a tu esfuerzo, las cosas funcionaron bien y descubriste que ahora tenías "más suerte".

La mayoría de las veces, las cosas sí salen bien.

Eso es motivo suficiente para tener fe sin importar qué pase.

Si tú bailas, ellos vendrán

Es interesante que, aunque no podemos saber con exactitud cómo resultarán las cosas, mientras más nos comportamos como si todo saldrá bien, las cosas parecen salir mejor.

La creación de ADC fue un momento de "si tú bailas, ellos vendrán" en mi historia. Había trabajado muchísimo y durante mucho tiempo, pero no lo había hecho con la intención de lanzar un crucero de baile. A pesar de esto, cuando planeé el primer crucero, lo hice de manera muy detallada y trabajé arduamente, como lo hago con todo lo demás. Luego me dejé ir, con mucha fe en mi corazón. Habíamos dado la noticia, luego esperamos reservaciones.

El hecho de que hayamos obtenido tantas fue una gran lección para mí.

Tenía que establecer las condiciones previas. Había que hacer la cama antes de que alguien pudiese dormir en ella. Si lo construyes, ellos vendrán…

Es muy fácil caer en la trampa de entender esta sabia frase en reversa. "No quiero construir nada hasta estar seguro de que ellos vendrán". Por supuesto, esto hace que te estanques.

La clave es fingir hasta que lo logres. La mejor manera de garantizar que ninguna mujer baile contigo es nunca pedirle a una chica que baile contigo. Mi filosofía en muchas cosas es que es mejor pedir perdón que pedir permiso.

El chico que se queda a un lado, esperando a que alguien lo saque a bailar *a él* esencialmente está pidiendo permiso. El tipo que no quiere construirlo hasta saber que mil personas irán está pidiendo permiso.

El tipo que simplemente construye es al que vale la pena mirar.

Él sí tiene fe y seguridad.

El milagro del baile

Hay dos maneras de ver la vida: una, como si nada fuese un milagro, y la otra, como si todo fuese un milagro.
—Albert Einstein

Einstein tenía razón (como siempre).

En realidad, no existe un punto medio entre el optimismo y el pesimismo. Algunas personas tratan de llamarse a sí mismas "realistas", pero "realista" es un eufemismo de "pesimista".

Los realistas aceptan la realidad como ellos la ven, mientras que los optimistas cambian la realidad y la convierten en lo que ellos quieren que sea. Así que la próxima vez que alguien te diga que no es pesimista sino realista, pregúntale por qué no está ocupándose de mejorar la realidad entonces.

Parafraseando a Einstein, cuando te acostumbras a ver todo a tu alrededor como un milagro, entonces operas a un nivel extremadamente positivo. Te sientes agradecido todo el tiempo, y esto es extremadamente poderoso. Verás milagros a tu alrededor, y entonces un pájaro posado sobre una cerca parecerá un milagro, la risa parecerá magia. Algunas personas te dirán que estás loco, pero puedes decirles que no se preocupen, y que sigan estando cuerdos ellos. (¡Buena suerte manteniendo la cordura!)

Nunca podría haberme imaginado que mi vida sería como es ahora. No me refiero a que sea positiva, porque yo siempre he tratado de mantener una actitud positiva. Me refiero a la manera en que luce y cómo se siente. Verle el lado positivo a todo es un hábito que vale la pena desarrollar, y más que un hábito, es un don, una habilidad muy valiosa. Me refiero a pasar todos esos gloriosos días y noches en el mar, sobre un barco fletado por mi propio equipo, bailando como nadie lo ha hecho nunca.

¿Qué sucedió? Yo no soy un mago. Tampoco soy Albert Einstein. Lo que sí tengo en común con Einstein es que solo veo milagros a mi alrededor. Mientras más milagros veo, más milagros imagino que vienen hacia mí.

En el fondo, bailar es una manera de crear milagros. Es una especie de "poesía silente". Es una celebración del movimiento, del cuerpo. Más que eso, es una celebración del sonido y cómo los sonidos maravillosos pueden inspirar movimientos increíbles. Estas cosas no tienen sentido a nivel consciente.

No puedes poner en palabras por qué una canción o baile específico es tan emocionante y conmovedor.

Simplemente lo es: porque es un milagro. Va más allá de lo que puede explicarse. Va más allá de nuestro entendimiento. Es tan grande que solo podemos decir que es un milagro.

Versión a compás rápido

- **Ten fe en que las cosas funcionarán (porque generalmente lo hacen).**
- **Debes saber que, aunque trabajes arduamente para obtener algo, en cierto punto el universo toma el mando.**
- **Es mejor pedir perdón que pedir permiso.**
- **¡Observa todos los milagros que te rodean (porque allí están)!**

BAILA CON EL CORAZÓN

Las personas rara vez tienen éxito a menos que se diviertan en lo que están haciendo.
—Dale Carnegie

Nada me molesta más que escuchar a las personas quejarse de que esta profesión, a la que me dedico, no da dinero. Si no hay dinero en esto, pero aun así yo me gano la vida y estoy teniendo éxito, debe haber un error.

No es solo eso, sino que en todas partes las personas me dicen que es imposible ganar dinero bailando o que la "salsa" no sirve para ganarse la vida. Suelo escuchar esto de mis competidores y de otras personas en la industria. Cada vez que alguien saca este tema, me digo a mí mismo "Sí, pero ¿cuándo fue la última vez que te viste al espejo? ¿Cuándo fue la última vez que analizaste tu trabajo? ¿La última vez que evaluaste tus acciones?"

En otras palabras, "bailar" no es lo que da o deja de dar dinero. Las personas que brindan (o que no logran brindar) los servicios relacionados al baile son los que hacen dinero o no.

Primero y principal, si te gusta y te apasiona lo que haces, lo haces con entusiasmo y te preocupas por respaldar tus acciones, *tendrás éxito.* Sí, yo creo firmemente que así sucede. No, olvida eso: yo sé que es así.

He descubierto que lo que marca la diferencia en ADC es que nos *importa.* Esto va más allá de que nos importe, realmente *nos importa mucho,* y esa es la clave. Trabajamos todos los días para mejorar detalles dentro de nuestra compañía, buscando nuevas maneras de sorprender a la gente y marcar la diferencia en nuestro campo. Esto es muy sencillo de hacer porque nos encanta lo que hacemos.

Cuando alguien nos llama, nos aseguramos de devolverle la llamada. Sé que no suena como que tenga mucha ciencia, pero piensa cuántas veces has llamado a una empresa para pedirles ayuda y nunca te llamaron de vuelta. Tal vez sí te llamaron, pero era demasiado tarde. No sé a ti, pero a mí eso me parece muy molesto. Cuando estoy en la posición de cliente, me gusta que me ayuden. Los clientes no son solo personas que gastan dinero. Ellos quieren que se satisfagan sus necesidades y que la experiencia sea sencilla y disfrutable.

Así que, en nuestro negocio, una parte importante de demostrar que nos importan nuestros clientes es simplemente prestarles atención, escucharlos y comprender qué es lo que quieren. No importa quién seas, esto no es sencillo. Los seres humanos somos creaturas sensibles y no siempre nos gusta estar en la posición vulnerable de escuchar las opiniones de los demás. Sin embargo, cuando tienes una empresa no puedes vivir en una burbuja. Tu única opción es descubrir qué están buscando tus clientes, aunque esto signifique pedirles que te digan en qué estás fallando. Personalmente, a mí me encanta esa parte. Me facilita mucho las cosas pues no debo adivinar qué hace falta arreglar, lo sé.

Una vez que obtienes comentarios de tus clientes, es tu trabajo evaluar lo que han dicho y hacer lo que haga falta para mejorar. Te daré un ejemplo de un caso en que esto nos sucedió en ADC.

Solíamos hacer espectáculos demasiado largos, de tres o cuatro horas. Como resultado, se perdía un poco la calidad y nuestra audiencia se cansaba. No fue fácil notar esto al principio, porque a mí realmente me gusta dar de más. Me gusta superar las expectativas y hacer *más.* Pero este era un caso en el que más era menos. Estábamos tan ocupados llenando nuestro programa de espectáculos, que no teníamos tiempo de prestar atención a la calidad de cada uno de ellos ni a la experiencia que estaba teniendo la audiencia. Como resultado de esto, el resultado de nuestros resultados era impredecible. Uno de los artistas impresionaba a la audiencia, pero luego había otros que no dejaban una buena impresión.

Tengo una regla general: si escuchamos el mismo comentario tres veces, sea bueno o malo, debemos hacer algo al respecto. Es una señal de que es necesario hacer cambios, bien sea eliminar algo que no funciona o mejorar algo que sí funciona.

Muchas personas comenzaron a quejarse respecto a la longitud de los espectáculos. Ahora, cuando se trata de servicio al cliente, siempre habrá personas con solicitudes y preocupaciones inusuales. En ADC tratamos de satisfacer las necesidades de todos, pero en ocasiones sabemos que el problema de alguna persona en particular es completamente personal y no es un reflejo de nuestra base de clientes. Sin embargo, en el caso de estos espectáculos de tres o cuatro horas, comenzamos a recibir malos comentarios en todas las direcciones. Comenzamos a leer comentarios por email con un tono crítico y nos dimos cuenta de que nuestros espectáculos no recibían una buena apreciación en nuestras encuestas de satisfacción al cliente.

Cuando un mal empresario se enfrenta a este tipo de resultados, podría cerrarse y decir "¡No, ellos están equivocados! ¡Nuestros espectáculos son maravillosos! ¡Somos perfectos! ¡No se puede complacer a todo el mundo! ¡No cambiaremos nada!".

Piensa en cuántos malos empresarios (por no mencionar eventos de baile) has visto ir y venir, aquellos que insistían en usar sus políticas poco efectivas a pesar de que los clientes se aburriesen o se molestasen.

Así no es como hacemos las cosas en ADC. Para nosotros todo se basa en demostrar interés. Así que nuestra regla general ahora es que, sin importar qué pase, nuestros espectáculos no durarán más de dos horas. Esto les da a las personas una cantidad más concentrada de entretenimiento más rápido y de mayor calidad. También les da más tiempo a nuestros huéspedes de disfrutar su cena antes de que comiencen los espectáculos, o que se preparen para la acción después de los espectáculos.

Uno a uno, estos retoques parecen pequeños, pero la magnitud de que te importen tus clientes lo suficiente para hacer estos ajustes sutiles no debe subestimarse. Recuerda, no solo busco comentarios de mis clientes, también busco comentarios del personal, de los bailarines, de la línea de cruceros: de todos.

Recuerdo que algunos de nuestros DJs se quejaron de que no teníamos suficiente variedad musical. Esto no era simplemente cuestión de gustos del personal, lo que querían decir es que deberíamos ofrecerles a nuestros clientes más tipos de música. Yo mismo fui un DJ alguna vez, respeto muchísimo ese trabajo, entiendo cuán importante es, y comprendo la manera en que un buen DJ se conecta con su audiencia. Así que me tomé el trabajo de contratar más DJs que no solo fuesen buenos: que fuesen los mejores. Ahora nuestros cruceros están diseñados de manera tal que tenemos distintos subtipos de música sonando en áreas distintas del barco en todo momento. ¿Quieres bailar salsa? La tenemos. ¿Bachata? También. ¿Hip-hop? Claro. ¿Merengue? ¡Por supuesto! ¿Los hits del momento? ¡Claro, por supuesto! Tenemos todo lo que quieras.

Esta mejora hizo que los DJ estuviesen más satisfechos a nivel creativo, que los huéspedes disfrutaran más y, sobre todo, ¡mejoró muchísimo la experiencia de baile! Fue una situación en la que todos ganamos.

Las personas me dicen todo el tiempo que amaron pasar sus vacaciones con nosotros, pero siendo honestos, ese comentario ya no significa mucho para mí. No es que no aprecie estos comentarios positivos, sino que quiero saber exactamente por qué les gustó. Así que siempre estoy haciéndoles preguntas, "¿por qué? ¿Por qué? ¿Por qué?".

Una cosa es aceptar los comentarios positivos y darte palmaditas en la espalda cuando no sabes exactamente qué es lo que le gustó a esa persona, pero es muy distinto hablar con la persona y que te diga qué piensa para que puedas entender a qué se refiere realmente.

Así que tomo notas mentales cuando escucho las reacciones de las personas: ¿Te gustan los DJ? ¡Maravilloso! ¿Nuestra atención a los detalles? Anotado. ¿Nuestra velocidad de respuesta? ¡Genial!

Cuanto más les gusta algo a nuestros clientes, más lo valoramos y más se lo proporcionamos a las personas a quienes servimos.

Si alguno de los promotores en mi negocio cree que sus clientes no saben lo que quieren y que no están prestando atención a los detalles, les digo que están muy equivocados. De hecho, el peor error que puedes cometer como empresario es subestimar la inteligencia de tus clientes; es decir, no darles importancia. Si juzgas mal a las personas y recortas tu presupuesto, tu evento será como el de todo el mundo: mediocre, olvidable e insatisfactorio. Sin embargo, si abres los ojos te darás cuenta de que tu cliente es un ser humano pensante y con sentimientos con intereses legítimos y debes trabajar tanto como puedas para brindarle un buen servicio.

Así como no se te ocurriría meterte con el vestido y maquillaje de una mujer, tampoco trates de meterte con la música o pista de baile de los bailarines, ¡ni con los DJ!

Porque ellos saben exactamente qué es lo que quieren.

***

Sin importar qué estés vendiendo, si tú eres quien está vendiendo eso, parte de tu trabajo es entender su valor y su importancia para la persona que lo comprará. Debes tener en cuenta que las personas que comprarán tu producto o servicio quieren sentirse especiales, quieren sentir que les prestan atención y que los apoyan. Simplemente es parte de nuestra naturaleza como seres humanos. Se ha comprobado una y otra vez en muchísimos estudios en que se encuesta a los empleados y se descubre que su salario no es su mayor prioridad. Es muchísimo más importante para ellos sentirse especiales, importantes, apreciados, escuchados y apoyados.

Por supuesto, con los clientes sucede lo mismo.

De la manera en que yo lo veo, cuando las personas están pagándole a ADC con el dinero fruto de su esfuerzo para pasar sus vacaciones con nosotros, nos están dando un gran honor. Ellos tienen muchísimos motivos para no gastar su dinero, tiempo y vacaciones con nosotros. Tienen muchas opciones vacacionales. Cuando nos eligen a nosotros, debemos asegurarnos de que sientan que eligieron bien durante cada segundo de su viaje. Esto significa interesarse. Deben importarte tus clientes.

Debes recompensar su inversión monetaria con valor: una experiencia que no olvidarán jamás.

Pocas cosas me arruinan el día como entrar a una tienda en que los productos son de mala calidad y siento que no recibo atención de parte de los empleados. Claro, los precios son buenos, ¿pero dónde están los empleados que se supone que deberían ayudarme? ¿Por qué estoy esperando en una fila tan larga para pagar? ¿No valoran mi tiempo?

Hay un refrán en el mundo de las ventas: "La amargura de un mal negocio dura más que la felicidad de un buen negocio".

Los negocios que atraen a las personas con precios bajos siempre podrán atraer algunos clientes, pero los valores y prioridades de estos negocios suelen estar en el lugar incorrecto. Puede que ofrezcan gangas, pero no necesariamente estas tienen sentimiento. Personalmente prefiero ir a una tienda que me inspire confianza y satisfaga mis necesidades que a una en la que siento que estoy deambulando por un desierto de gente con malas actitudes y pasillos desordenados, aunque eso signifique pagar un poco más por los productos que podría encontrar a un precio más bajo en otro lugar.

Parte del motivo de mi éxito es que soy y siempre he sido ante todo un cliente. Cuando alquilo una casa, quiero que el arrendador sea atento y profesional. Cuando ordeno comida, quiero que se encarguen de los detalles y que la comida llegue pronto. Por lo tanto, cuando cambiamos de lugar y yo soy la persona responsable por servir a los clientes, voy a hacerlo de la mejor manera posible.

***

"Hecho por bailarines, para bailarines".

Generalmente ADC se describe en cuatro palabras. No somos solo una empresa que gana dinero (que es algo que no debe avergonzar a nadie), también formamos parte del mundo del baile, del mundo de las artes, del mundo de las personas creativas, del mundo de las buenas personas.

En otras palabras, si buscas un lugar dónde bailar, sabemos exactamente qué es lo que estás buscando. Me gusta decir que somos como Disneylandia para bailarines. Como Walt Disney, no solo estamos pensando en los niños (bailarines), sino en toda la familia.

Esta experiencia no solo se extiende a nuestros clientes sino también a nuestros artistas. Cuando nuestros artistas llegan al aeropuerto, los saludamos con una carta respondiendo a todos sus requerimientos durante el crucero. Esto nos facilita el trabajo. Luego, cuando llegan al barco, los llevamos a un área de camerinos completa. Si alguna vez has sido un artista invitado por nosotros, sabes que ustedes no suelen tener tiempo de comer antes del espectáculo, así que el hecho de estar tranquilo y saber que apenas salgas del escenario, te quites tu atuendo y hagas estiramientos, tu comida estará esperándote es maravilloso. Los elogios que recibimos tan solo por ese detalle son tantos que podrían durarnos para todo el año.

Comprender de qué se trata el baile social significa entender las necesidades de los bailarines. Por ejemplo, cuando organizas una fiesta podría parecerte una buena idea colocar luces parpadeantes en el techo, pero estas luces son terribles para los bailarines. Los bailarines necesitan poder ver bien a sus parejas, tomar sus manos, adivinar sus próximos movimientos, etcétera. Una habitación oscura con luces centelleantes no es de mucha ayuda. Cuidamos todos los detalles para tratar a nuestros bailarines de la mejor manera posible, desde las pistas de baile hasta la velocidad de la música, la comida tras bastidores y el agua fuera del escenario, y esto es algo de lo que se benefician también nuestros clientes.

***

Hablando de los clientes, podría llenar un libro entero de las generosas palabras de aliento que han enviado en sus cartas y emails.

"Me divertí como nunca".

"Ustedes reavivaron mi pasión por el baile".

"Conocí a mi mejor amigo en su crucero".

Y mucho más…

Sin embargo, hay un email en particular que nunca olvidaré. No diré el nombre de la mujer que lo envió, pero sí contaré un poco sobre su historia. En los meses previos a sus vacaciones con ADC su vida había sido un infierno. Su madre falleció, perdió su empleo, uno de sus hijos tuvo un accidente. Básicamente, había que estar hecho de piedra para que su carta no te hiciera llorar. Sin embargo, a pesar de todo lo que le había pasado, ella quería tomar su crucero con ADC. ¿Y sabes qué? El crucero la llenó de energía. Dijo que su experiencia con nosotros había sido lo único que pudo hacerla olvidar sus problemas, dejar de lado las cosas malas, sentirse feliz nuevamente, ¡y solo bailar! Se divirtió más de lo que pensó que era posible, y planificó volver a viajar con nosotros el año siguiente.

Hablando de energía, las cartas así son las que dejan en claro a todos los miembros de ADC cuál es nuestra misión. Leer esa carta me hizo sentir intensamente que lo que hago tiene sentido, me inspiró a hacer más. Siempre que podamos, seguiremos yendo al mar, tocando música, dando fiestas increíbles, transformando vidas, pero lo más importante… ¡seguiremos *bailando*!

***

A medida que pasan los años, me esfuerzo en perfeccionar una meta: recordar el nombre de cada huésped. ¿Crees que pueda hacerlo? Bueno, lo estoy intentando. No es fácil cuando hay un par de miles de personas (o más) por ahí, ¿pero a quién le gustan las cosas fáciles? (Guiño.)

En ADC, yo nunca veré a un huésped como Cliente #4371. En lugar de esto veré al Sr. James García y su simpática esposa, Pam, y haré lo posible por descubrir qué fue lo que les hizo decidir vacacionar con nosotros y qué podría hacer yo para mejorar su experiencia o, como dijo Disney, qué puedo hacer para que ellos quieran volver y traer a sus amigos.

Sin importar quién seas, de dónde seas, cómo luzcas o a quién ames, la familia de ADC te toma en serio y tiene un espacio para ti.

Si eres joven y solo quieres salir de fiesta y volverte loco, ¡excelente! Hacemos eso. Si eres un bailarín más maduro y quieres asistir a talleres para refinar tu arte, ¡claro! Hacemos eso. Si eres un bailarín profesional que quiere hacer nuevas conexiones, hablar con viejos amigos, inspirarse por los espectáculos, y divertirse por las noches, ¡maravilloso! Hacemos eso. Si eres un veterano del baile que solo quiere mantener la llama viva y busca una manera nueva para hacerlo, bueno, tengo tres palabras para ti: "¡Todos a bordo!".

Ahora bien, no me gusta hablar de favoritos cuando se trata de clientes, porque es como decirle a un padre que elija a un favorito entre sus hijos, pero déjenme tomarme un momento para compartir la historia de uno de mis grupos favoritos que han estado a bordo de un crucero con ADC.

Estoy hablando de mi propia familia.

El crucero ya llevaba varios años funcionando antes de que ellos decidieran viajar con nosotros. Para mí, esto era extremadamente emocionante, upes finalmente podrían ver aquello de lo que les había hablado durante tanto tiempo. Además, la decisión de mi papá de venir al crucero le dio finalmente la oportunidad de entender qué es lo que hago. Después de todo, me tomó años poder explicarle a la gente rápidamente lo que hago en pocas palabras. La gente me preguntaba a qué me dedico, y yo me congelaba. ¿Era un promotor de eventos? No exactamente. ¿Era instructor de baile? Bueno, la verdad no…

"Soy productor de cruceros de baile de ritmos latinos" es una buena manera de resumirlo.

Pero tendrían muchas preguntas después de eso.

"¿Un crucero?"

"¿Eso es todo?"

"¿Navegar un barco?"

"¿Durante un fin de semana?"

"¿Eso es todo lo que haces?"

"¿Y a qué te dedicas el resto del año?"

Yo solo sacudía la cabeza.

Así que si era difícil para mí explicar qué es lo que hago, ¿cómo podría mi papá explicárselo a otras personas? Estoy seguro de que iba al golf con sus amigos y le preguntaban cómo me estaba yendo. Seguramente había balbuceado algo como "Ah, ¿Moshe? Él baila en un barco… eh… es una fiesta… unos espectáculos o algo… sí".

BAILA HACIA EL ÉXITO

Con esto no quiero decir que mi papá no esté orgulloso de mí, al contrario, siempre ha sido mi admirador número uno. Déjenme decirles, cuando subió a bordo del barco y vio la magnitud de la operación, creo que no podía creerlo.

Mientras tanto, fue muy conmovedor para mí ver con cuánto respeto lo trataban los ejecutivos del crucero. Lo trataban como si él fuese su superior. Incluso hicieron una pequeña fiesta para mí una de esas noches, con un pastel y un brindis por nuestro éxito. Para mi papá, que es chapado a la antigua, ver a estos tipos con sus uniformes blancos actuando de una manera tan oficial y celebrando el éxito de su hijo: bueno, a mí se me hizo un nudo en la garganta.

Para mí, ese momento fue una recompensa por todo el cariño y cuidado que había dedicado a ADC. Durante todos esos años había pensado en mis clientes, en nuestra misión, y en mi propio bienestar, pero ver todo esto a través de los ojos de mi papá me hizo comprenderlo a otro nivel.

Me di cuenta de que había recibido una enorme bendición: pude construir algo con un significado muy profundo, algo en lo que vale la pena interesarse.

Versión a compás rápido

- **Hacer las cosas con pasión es *todo*.**
- **Hacer las cosas con interés es *todo*.**
- **La única manera de darle a la gente lo que quieren es interesarte y descubrir qué es lo que quieren, a un nivel profundo.**
- **¡Si logras ver el mundo a través de los ojos de los demás (en lugar de asumir) verás algo hermoso!**

ADUÉÑATE DE TU PISTA DE BAILE

Tú eres el promedio de las cinco personas con
quienes pasas más tiempo, incluyéndote a ti mismo.
—Jim Rohn

Iré directo al grano: elige dónde bailar.

En otras palabras, solo tú eres responsable por declarar la forma, tamaño y límites de tu espacio personal en la pista de baile. Bien sea que bailes en medio de la pista, a los lados, entre los asientos o en la alfombra (quienes hayan asistido a los congresos sabrán a qué me refiero), es cosa tuya. Siempre que el evento, espacio y tu alrededor estén bien, estás listo.

Esta parte del libro se trata de establecer límites claros respecto a tu tiempo y energía, así como también con quiénes y de qué debes rodearte. A medida que tomes mejores decisiones en estas áreas, podrás llevar una vida más efectiva y eficiente.

Hay una conexión clara entre tu estilo de vida, en todos los niveles, y cuán productivo y satisfecho te sientes.

Por esto, es increíblemente importante que te adueñes de la pista de baile.

***

Con los años he aprendido que cuando no controlas tu estilo de vida, es fácil perder tu equilibrio. Te puedes dejar llevar por el estrés. De pronto, ya no eres la persona que está a cargo de su tiempo, no eres efectivo, no eres eficiente, estás desperdiciando tus días, y antes de saberlo, aunque logres hacer tu trabajo (o cualquier otra cosa que sea importante para ti), realmente no puedes dedicarte a ello al 100%.

Eso más o menos resume a la persona en quien yo me convertí.

Así que paso a paso, centímetro a centímetro, comencé a analizar mi pista de baile personal.

Para comenzar, hablemos de la tecnología. Teléfonos, tablets, computadoras: todos estos dispositivos pueden ser herramientas maravillosas, pero habían comenzado a convertirse en mis enemigos. Yo no controlaba a estos dispositivos, ellos me controlaban a mí. Así que tuve que desarrollar disciplina sobre cuándo usar mi teléfono y cuándo ponerlo en silencio. Algunas horas del día estarían destinadas únicamente a trabajar, así que no podía haber distracciones.

No se trataba solo de mi teléfono, aunque sí me distraía mucho. También eran los emails. Recibía emails todo el día. Quería mantenerme al día de todo, así que los revisaba y respondía apenas llegaban. ¡Qué gran error!

Me di cuenta de que revisar mis emails una o dos veces al día y ocuparme de todo de una sola vez era mucho más efectivo que ser un esclavo de mis emails y revisarlos cada cinco minutos. Una vez escuché a un experto sobre los negocios decir que revisar tu email todo el tiempo es como ir todo el tiempo a la puerta, mirar afuera y decir "¿va a venir alguien?".

En otras palabras, es ridículo y es una pérdida de tiempo.

Mis juntas y llamadas telefónicas estaban volviéndome loco, también. Quedó en claro una llamada rápida, de treinta minutos a veces era mucho más efectiva y valiosa que una llamada repetitiva de 60 minutos. Comencé a aparecer en las juntas con una agenda precisa y clara, sabiendo exactamente qué quería en lugar de aparecer casualmente, buscar dónde sentarme y perder preciosos momentos que podía dedicar a algo más.

A medida que adoptaba estas medidas, me di cuenta naturalmente de que algunas cosas estaban fuera de mi control. Pero eso estaba bien, porque una parte importante de manejar el estrés es aceptar de qué cosas puedes ocuparte y trabajar en ellas, y darte cuenta de que no tiene sentido preocuparte por aquellas cosas que no puedes controlar porque eso solamente te ocasionará frustración y te distraerá.

Otra cosa que me tomó tiempo fue aprender a aprovechar mis mañanas (hablaré más de esto en la próxima sección). Durante mucho tiempo, no me levantaba temprano, no desayunaba ni dedicaba tiempo a mí mismo antes de empezar el día.

Así que tenía que desarrollar mi disciplina, como si se tratase de un músculo. La capacidad de ejercer auto-control no aparece de la nada, es algo que uno tiene que aprender y ganarse. Cuando se trataba de levantarme temprano, no solo estaba tomando una decisión pasiva. Tenía que esforzarme en hacerlo día tras otro hasta que ese hábito se convirtiese en un instinto natural.

(Pensando un poco en esto, es posible que mi pasado me haya ayudado a desarrollar disciplina. Cuando pequeño, aunque era muy inquieto, fui scout por un tiempo. Luego, como mencioné antes, estuve en el ejército. Estas experiencias me dejaron una mentalidad de esforzarme para mejorar constantemente. Siempre me preguntaba cómo podía ser más eficiente y efectivo. Sin embargo, probablemente tenía que luchar tanto como cualquier otra persona.)

También me di cuenta de cuánto me influenciaba la gente a mi alrededor. Todos podemos caer en la trampa de rodearnos de personas sencillas, que no nos retan ni nos amplifican demasiado. Con esto no quiero decir que solo debamos rodearnos de personas exitosas y adineradas, sino que debemos tener más cuidado al momento de relacionarnos con los demás.

Poco a poco, me di cuenta de que cuando comencé a rodearme de personas más ambiciosas, mi nivel de ambición subió también. Si pasaba tiempo con personas que no tenían objetivos muy claros, comenzaba a sentirme más débil y menos positivo.

Dime con quién andas y te diré quién eres.
—Desconocido

Volvamos con el ejemplo de baloncesto: si te pusiera en una cancha a jugar con jugadores de la NBA, aunque seas el peor jugador del mundo, mejorarás un poco debido a la gente a tu alrededor. Correrás un poco más rápido, saltarás un poco más alto, te esforzarás un poco más.

Lo mismo aplica a las redes sociales. Tratamos de convencernos de que las redes sociales no son "reales" porque son más superficiales que socializar en verdad, pero lo que hacemos en las redes sociales tiene un gran impacto sobre nosotros. Si seguimos páginas ligeras y frívolas, eventualmente nos volveremos ligeros y frívolos (¡si es que no lo somos ya!). Sin embargo, si seguimos páginas más inspiradoras y significativas, nos influenciarán. Me gusta seguir a empresarios exitosos, personas positivas, personas graciosas, gurús del fitness, personas talentosas que me inspiran, bailarines que luchan por mejorar cada día y más: cualquier persona que me inspire o que pueda llevarme a obtener un resultado positivo.

***

Cuando se trata de literalmente ser dueño de tu pista de baile, el truco es que no trates de hacer demasiadas cosas a la vez. He visto a muchos bailarines que abarcan mucho y aprietan poco. Hacen demasiados movimientos, experimentan demasiados estilos. Este enfoque va en contra de lo que dije antes sobre mejorarte a ti mismo todo el tiempo, pues en realidad están apiñando demasiado material y el baile no es fluido ni simple. Resulta ruidoso y caótico.

Puede ser muy complicado lograr simplicidad. Un bailarín que acepte de brazos abiertos y que domine un conjunto de movimientos ligero y coherente viene a ser como la persona que limita su exposición a la tecnología, que se levanta temprano y que se rodea con las personas correctas. Este bailarín se adueña de la pista de baile, toma decisiones claras, establece límites precisos y solo trata de controlar lo que sabe que puede controlar.

El bailarín que hace demasiadas cosas a la vez, el que trata de volar cada vez más alto y tocar el sol, se agotará.

Sin embargo, el bailarín que se adueñe de la pista de baile brillará.

Versión a compás rápido

- **Elige dónde bailar.**
- **Sé disciplinado y administra tu exposición a la tecnología, a otras personas, y a otros tipos de influencias.**
- **Recuerda: no te compliques.**

EL KIT DE INSPIRACIÓN PERSONAL DEL BAILARÍN

Lo que determina tu altitud no es tu aptitud sino tu actitud.
—Zig Ziglar

Ningún bailarín puede seguir Adelante sin la motivación de la pasión. Sin importar quién seas o de dónde vengas, si decidiste bailar significa que descubriste que sentías pasión por bailar. Tal vez te gustaba el movimiento, tal vez te gustaba la música, tal vez querías superar un reto o conocer nuevos amigos o parejas.

Tal vez fueron todos los motivos a la vez.

Pero ninguna de esas cosas existe sin pasión. Bailamos porque nos emociona hacerlo. No existe ni siquiera un bailarín no-apasionado (a menos que estés hablando con alguien a quien hayan obligado a salir a la pista de baile). Todos los que bailamos voluntariamente estamos motivados por una llama de pasión en nuestro interior.

Sin embargo, en ocasiones ese fuego se apaga o se siente un poco más aplacado de lo normal. Nos desgastamos y perdemos el ánimo, tal vez por el estrés o por alguna afección física. En esas ocasiones vale la pena tener algo de inspiración a la mano.

Ya discutimos que debes adueñarte de la pista de baile y cuál es la importancia de mantenerte rodeado de fuerza positiva e inspiradora. Ahora me gustaría retomar ese punto desde otro punto de vista, enfatizando cuán importante es rodearte y tener a la mano cosas positivas en caso de que las necesites.

¡Porque sí las necesitarás!

No tiene que ser nada complicado o extremo. Puede ser música que te guste, un buen libro o una buena película, o incluso un libro de citas célebres.

No me avergüenza admitirlo: tengo un libro de citas célebres e inspiradoras a la mano en mi teléfono en todo momento. Si estoy teniendo un mal día o no siento el mismo impulso de siempre, abrir ese libro y leer algunas citas me ayuda a recargar mis baterías. Encuentro puntos de vista y perspectivas que no estaba tomando en cuenta hace un momento. Algo así de simple, adoptar un enfoque positivo, puede tener un gran impacto.

Investiga qué es lo que te hace feliz. Búscalo a tu alrededor, no te prives de ello. Mereces tener cosas positivas en tu vida. Tomaste la decisión de bailar inicialmente porque te emocionaba, porque obtenías una sensación agradable al hacerlo. Vale la pena mantener encendida esa llama y tomártela en serio. Cuando las llamas se aplacan, esto no significa que llegó la hora de tirar la toalla y hacer otra cosa. Generalmente, solo necesitas recobrar fuerzas.

La buena música, las buenas películas, los buenos libros y las buenas frases son importantes. Si no fuesen importantes no seguiríamos creando y comprando estas cosas.

Así que mantén estas cosas a la mano para aquellos días en que no sea tan sencillo sentirte bien. Piensa que estas cosas son tu kit de inspiración privado. Su función es darte un empujón, y no es necesario que compartas estas cosas con nadie. De hecho, ni siquiera tienes que tocar este tema con nadie. Lo importante es que tengas estas cosas a la mano y que te asegures de llevarlas contigo a dondequiera que vayas.

Versión a compás rápido

·Crea tu propio kit de inspiración personal.

BAILAS CON TU CUERPO, ¡ASÍ QUE TRÁTALO BIEN!

Dormir temprano y levantarse temprano hace a un hombre sano, rico y sabio.
—Benjamin Franklin

El título de esta sección lo dice todo: ahora pasaremos un momento hablando acerca de la importancia de mantener nuestros cuerpos. La salud y la condición física son como el sol en el sistema solar: son el centro de todo lo demás. Si el sol no brilla, entonces no llega la luz a lo demás.

Muchos de nosotros creamos pequeñas jerarquías en nuestras mentes. Decimos que x es lo más importante para nosotros, que luego viene y, y así con todo lo demás. Pero estoy aquí para decirte que sin importar quién seas o en qué te enfoques, tu salud y bienestar deben encabezar la lista de tus prioridades.

Porque si no tienes un cuerpo con el cual puedas bailar, ¿sabes qué pasa? ¡No bailarás!

***

Durante mucho tiempo, la salud y el bienestar no estaban siquiera cerca de aparecer dentro de las cosas a las cuales les dedicaba mi atención. Como dije, había subido mucho de peso. Me comportaba como un niño y no le prestaba atención a mi salud. Sin embargo, en un abrir y cerrar de ojos me di cuenta de que estaba viviendo en un cuerpo adulto agotado, inflamado y pesado.

Las cosas tenían que cambiar.

Me acostumbré a comer de manera más saludable. Gastaba un poco más en comerme una ensalada en lugar de comer papas fritas. Al poco tiempo de hacer esto me di cuenta de que mi perfil de salud había cambiado, y con él había cambiado la manera en que vivía.

Así funcionan nuestras mentes. Cuando cambiamos lo de adentro, lo de afuera cambia también.

De pronto la gente a mi alrededor era distinta y me trataba de manera distinta. Me sentía más atractivo, y no solo de manera literal: mi energía llamaba la atención de la gente. No solo se trataba de verme mejor o de vestirme mejor, era como si mi aura hubiese cambiado y ahora fuese mucho más brillante y radiante.

Se estaba volviendo cada vez más claro algo que siempre supe: tenía que invertir más tiempo en mí que en mi trabajo porque, aunque mi trabajo pagaba mis cuentas, solo yo podía hacer una fortuna.

Estoy hablando de cuerpo y mente. En otras palabras, solo tú puedes poner manos a la obra y conseguir lo que quieres (o, como decimos en nuestro negocio, "poner *barcos* a la obra"). Tu trabajo te recompensará en la misma medida en que inviertas en él.

Si te enfocas en tu trabajo con energía, enfoque, emoción, entusiasmo y alegría, puedes hacer muchísimo más.

***

Para mí, levantarme temprano es una parte muy importante de mi salud y bienestar.

Una y otra vez me entero de que las personas exitosas a quienes admiro se levantan temprano. Existen muchas razones para esto. Algunos se levantan temprano porque quieren pasar un momento a solas, porque están emocionados por el día que les espera, porque no quieren perderse de nada. Van al gimnasio, pasan tiempo con sus hijos o con sus parejas, se ponen al día con las noticias, o simplemente comienzan a trabajar.

Para mí, lo más importante es que cuando te levantas temprano tienes la libertad de hacer lo más importante para ti primero. La mañana es generalmente el período más tranquilo del día: el teléfono no está sonando, tu bandeja de entrada no está llena de emails, tal vez te despertaste más temprano que el resto de las personas que viven contigo. Esto significa que nadie necesita nada de ti y eres completamente libre. En ese momento no tienes que lidiar con lo que los demás pidan ni con influencias ajenas, así que puedes decidir qué quieres hacer.

Además, he descubierto que estoy más relajado por las mañanas. Esto podría ser parcialmente biológico, pero creo que también tiene que ver con la sensación de libertad que me brindan las mañanas. Cuando estás más relajado, tiendes a cuidar e invertir más esfuerzos en ti mismo. Cuando estás nervioso o bajo presión, piensas menos en ti mismo y te concentras más en resolver un problema particular. Yo dejo esas cosas para más adelante. La mañana es mía. La mayoría de mis decisiones importantes (y de mis buenas decisiones) han sido tomadas durante las mañanas.

Sin embargo, cuando te levantas tarde es más difícil manejar tu día. Te ves inmediatamente bombardeado por contacto y problemas. Ni siquiera has tenido oportunidad de acumular una cantidad decente de energía, así que pasas todo el día sintiendo que vas tarde a todas partes, esperando la oportunidad de volver a dormir.

Eventualmente, ese enfoque puede drenar completamente tu energía.

$$***$$

Voy al gimnasio todas las mañanas. Así me pongo en movimiento y lleno mi cuerpo de endorfinas, creando una Buena base para el día que me espera. Sin importar qué pase durante el resto del día, sé que haber ido al gimnasio le ha dado a mi cuerpo la vitalidad necesaria para lidiar con el resto del día de la mejor manera posible.

No solo voy al gimnasio. Depende de qué esté tratando de lograr en ese momento. Algunas mañanas me pongo al día con otras cosas y comienzo a trabajar más temprano, otras mañanas me dedico a pensar, otras mañanas leo y veo televisión, y algunas mañanas las dedico a mi familia.

Las primeras dos horas de mi día, que generalmente comienza a las 5 o 6 de la mañana, generalmente son las más productivas. De hecho, para el momento en que la mayoría de la gente está llegando a su oficina, yo ya he terminado muchas de las cosas que necesitaba hacer para ese día.

No es sorpresa que los CEO más exitosos del mundo tienen la costumbre de levantarse temprano y comenzar el día antes de que salga el sol. Estas son las personas que están a la delantera en sus prácticas empresariales, así que tiene sentido que comiencen el día antes que todos los demás. Escucho una y otra vez que los CEO son los primeros en llegar a la oficina, y esto sucede porque hay que dar el ejemplo: al llegar temprano demuestran que les importa lo que están haciendo, y esto hace que las personas que trabajan con ellos se interesen mucho más también. Mi equipo en Miami siempre me hace sonreír cuando reciben emails míos a las 8 o 9 de la mañana, pues yo estoy en la costa oeste, con una diferencia horaria de tres horas. Me preguntan "¿qué haces despierto tan temprano?"

Si sacas un poco de tiempo para ti cada mañana, estás enviándole a tu cuerpo, a tu mente y a tu espíritu el mensaje de que te importas a ti mismo lo suficiente como para cuidarte bien. Estás armando tu día de una manera que pone tu bienestar al tope de la lista de prioridades, como debe ser. En nuestra cultura muchas veces nos hacen sentir avergonzados por dedicarnos tiempo a nosotros mismos, como si hacer esto fuese egoísta o irreflexivo.

En mi opinión, si no tenemos un cuerpo saludable, tonificado y funcionando al tope de su capacidad, realmente no podemos hacer muchas cosas.

***

Después de establecer los cimientos de un cuerpo saludable y energizado, pude poner más atención a mi ética de mejorarme constantemente.

La salud y el bienestar no deben dejarse como algo que existe y ya. Como hacemos con todas las cosas buenas, debemos seguir mejorando.

Recuerdo que una vez asistí a un seminario en que el ponente comentó que todos los autos en el estacionamiento eran caros y/o elegantes. Luego dijo que esto sucedía porque las personas exitosas tienen la mentalidad de querer mejorar todo el tiempo. Así que solo las personas exitosas vendrían a su evento, mientras que las personas menos motivadas estaban por ahí, pasando tiempo en la playa o durmiendo hasta tarde.

Cuando estaba muy involucrado con el mercado de valores, recuerdo que escuché a alguien decir que, si perdía dinero y lo dejaba pasar, entonces solo había perdido dinero. Sin embargo, si perdía dinero y estudiaba el por qué había perdido esa cantidad de dinero, entonces había invertido ese dinero en aprender una valiosa lección.

En otras palabras, él quería mejorar constantemente.

Cuando hago algo mal, no dejo que me desmotive ni lo ignoro. En lugar de esto, trato de verlo como un experimento de ciencias: estudio qué fue lo que pasó y por qué pasó, recopilo información, y ya armado con estos conocimientos sigo adelante.

Como un jugador de baloncesto, cuando fallo un tiro, simplemente aprendo de él. Más adelante desarrollo un poco de "amnesia selectiva", me olvido de lo que pasó y me concentro en lo siguiente. A Michael Jordan le preguntaron una vez si alguna vez dudó que iba a tener éxito, y él respondió que no, porque se había esforzado mucho. Sabía que lo lograría, era muy sencillo. No tenía ninguna duda.

Versión a compás rápido

·**Cuida tu cuerpo como si estuviese hecho de oro.**
·**Come bien, mantente activo y saludable.**
·**Levántate temprano y aprovecha tus mañanas.**
·**¡Mejora constantemente!**

VOLVAMOS A LO BÁSICO

No me digas que el cielo es el límite cuando sé que
hay huellas en la luna.

—Paul Brandt

Comencé este libro hablando sobre el paso básico, y es una decisión completamente consciente volver a hablar de esto en esta sección final titulada "Volvamos a lo básico".

Sin importar cuán lejos lleguemos o cuánto aprendamos, siempre es bueno mantenernos conectados con nuestros valores básicos: salud, bienestar, familia, seres queridos, felicidad, propósito y alegría.

En el baile, siempre aprendemos el paso básico primero, pero esto no significa que lo dejemos atrás. No, siempre está con nosotros, forma una parte esencial del todo.

Espero que este libro te haya informado y te haya motivado para que tomes acciones positivas. De nada sirve motivar a una persona ignorante, pues lo único que logras es a una persona ignorante y motivada. En otras palabras, existe una diferencia enorme entre sentirte motivado y tomar cartas en el asunto, y yo sinceramente espero haber ayudado un poco a inspirarte a seguir tus sueños.

A medida que tomes acciones positivas, recuerda lo siguiente: lo importante no es solo el destino, sino también el viaje.

Claro, lo dice "el tipo de los cruceros" (en serio hay gente que me dice así, por cierto), pero resulta que sí es cierto.

Lo que es aún más importante: a medida que disfrutes de tu viaje, asegúrate de no cometer el error de olvidar lo básico.

**

Ahora me gustaría compartir una historia muy personal: esta es una historia que me golpeó la cabeza y me recordó que no debo olvidar volver a lo básico.

Esto sucedió en 2015. ADC iba muy bien, el crucero que estaba por venir había agotado los cupos disponibles muy pronto y estábamos ansiosos, esperando otra increíble expedición en el mar.

Uno de mis socios tenía un contrato conmigo que expiraría pronto. No te aburriré con todos los detalles, pero digamos que estaba haciendo un trato con esta persona de buena fe y esperaba que trabajásemos juntos durante muchos años. Pero la relación se deshizo, me di cuenta de que la cantidad de esfuerzo que cada uno de nosotros dedicaba no era equitativa. En otras palabras, yo estaba haciendo todo el trabajo y no recibía el apoyo que esperaba obtener de su parte. Aunque habíamos comenzado bien, y él prometió consultarme, apoyarme, e incluso ser mi mentor en algunas cosas, a medida que pasaba el tiempo la relación no creció de esa manera.

Entonces, a medida que se acercaba la fecha de expiración del contrato, solo por ser justos, le indiqué que no tenía muchas ganas de renovar el acuerdo. Ahora, algo importante sobre mí es que realmente soy muy paciente. Toma mucho para que alguien de verdad me decepcione. Yo doy segundas oportunidades, terceras oportunidades, e incluso mucho más: a menos que de verdad alguien se esfuerce en llevarse mal conmigo, tiendo a ser leal y tratar de que las cosas funcionen.

Sin embargo, en este caso, había tratado una y otra vez de restaurar el potencial de esta relación, pero simplemente no había nada que hacer.

A medida que pasaba 2015, todo parecía indicar que sería nuestro último año trabajando juntos.

Y mira que lo fue…

***

Un día recibí una llamada telefónica.

Era la línea de cruceros. Y era urgente.

Mi corazón se aceleró a medida que escuchaba el motivo de la llamada: mi socio se había negado a hacer ciertos pagos de los cuales él era responsable. Estos pagos eran imprescindibles para el crucero ADC. La línea de cruceros había estado esperando recibir el pago, pero no recibieron ni una noticia suya.

Ahora éramos enemigos. Obviamente su objetivo era sabotear ADC.

Hasta entonces, sabía que no nos estábamos llevando bien, pero no tenía idea de que él de hecho trataría de arruinarme.

Esto era un ataque personal. ADC era el fruto de todo mi esfuerzo. Cerré mi estudio para trabajar en esto.

Y él estaba tratando de desecharlo como si fuese basura.

No podía dormir. No se trataba de querer destruir a mi enemigo, se trataba de hacer que el crucero funcionara. Ya habíamos vendido todos los cupos disponibles en el barco: 2400 huéspedes. Teníamos una reputación que mantener. Si el crucero no salía de acuerdo al plan, olvídalo. Nos bombardearían con comentarios negativos en internet, se burlarían de nosotros y nos arruinaría dentro de la industria.

Lo mencioné antes, suelo poner las necesidades de los clientes por encima de todo. Bueno, si yo me hubiese suscrito para un crucero y me enterase de que lo cancelaron súbitamente, no me interesarían las tragedias personales del propietario. Estaría furioso, y nunca más trataría de salir de vacaciones con esa compañía.

Al analizar la situación desde el punto de vista del cliente, mi única opción fue molestarme, dejarme ir, volverme loco y poner *barcos* a la obra como nunca antes.

Dicho sea de paso, tampoco es que tenía todo el tiempo del mundo para arreglar las cosas. Solo quedaban un par de meses antes de la fecha en que zarpaba el crucero, y para el momento en que recibí las noticias ya no teníamos cómo hacer estos pagos. Habíamos gastado dinero en otras cosas, contratando empleados, y organizando todo lo demás.

Así que ahora me tocaba luchar. Hice cientos de llamadas telefónicas. Mi objetivo era recaudar el dinero que hacía falta. Era una vergüenza, era una lección de humildad, tuve que tragarme mi orgullo, pero no había otra manera de lograr que ADC volviera a la vida.

Para ser honestos, a veces me daban ganas de vomitar.

En cierto momento, casi tuvieron que llevarme a la sala de emergencias.

Sentía estrés por todas partes. Primero, estaba viendo cómo se destruía mi sueño. Además, estaba lidiando con una terrible traición personal. Pero por encima de todo, escuchaba el tic-tac de un reloj que me decía que mi tiempo se estaba acabando. Si no podía hacer el pago a la línea de cruceros a tiempo, entonces olvídalo. Ya no habría ningún crucero del cual hablar.

A veces es raro cómo funcionan las cosas. La línea de cruceros vio la posición en la que me encontraba y sintieron un poco de lástima por mí. En el momento, esto no era algo que me enorgulleciese, pero a medida que pasaba el tiempo, esto hizo que nuestra relación comercial se hiciese más profunda. Irónicamente, mi nombre no era el que aparecía en el contrato con ellos, y esto significaba que solo mi socio estaba legalmente obligado a pagar este dinero. Pero supongo que él estaba dispuesto a lidiar con una demanda solo para destruirme a mí.

De cualquier manera, la línea de cruceros vio lo que pasaba. Ellos sabían que mi socio no les había respondido, así que de cierta manera teníamos un rival en común. Esto no significa que ellos estuviesen lanzándome rosas ni ofreciéndome un crucero gratis, pero sí significa que vieron cuán comprometido estaba con hacer que mi organización sobreviviese.

Reuní dinero de algunos de mis amigos, de mis familiares, tomé algunos préstamos. Cada día era una lucha distinta. Cada hora que pasaba era una hora menos que tenía para maniobrar. A veces me sentía tan enfermo por el estrés que de verdad me sorprende que pude seguir adelante.

Pero yo no había llegado hasta ahí para retroceder ahora.

Poco a poco, decisión tras decisión, logramos salvar el crucero, logramos salir adelante, y logramos organizar una expedición increíble. Estoy seguro de que mi ex-socio estaba observándome, y de que se llevó una sorpresa al notar que sus esfuerzos por arruinarme no funcionaron.

Para el momento en que terminó el crucero, no solo habíamos logrado organizar un evento increíble, manteniendo la integridad de nuestra marca, sino que además logramos vender la mitad del siguiente crucero de inmediato, ¡en tiempo récord!

Al lograr esto, pudimos saldar algunas de nuestras deudas, seguir adelante con el negocio, y logramos emerger más fuertes que nunca antes.

Sé lo que te estás preguntando ahora: ¿traté de vengarme de ese tipo? Bueno, ciertamente lo pensé, pero en ese caso, no valía la pena. De hecho, ya yo había ganado. Desafié sus mayores esfuerzos por destruirnos a mí y a mi equipo, y ahora no debo levantarme cada mañana con el pesar de saber que estoy asociado con él.

Ahora, tengo mi propio contrato con la línea de cruceros.

Esta operación sigue fortaleciéndose cada vez más: todo gracias a que esa experiencia me abrió los ojos y me obligó a volver a lo básico.

La historia de la mariposa

Día tras día nos encontramos deseando que las cosas fuesen más fáciles. Es común que nos molestemos cuando las cosas no van bien, e incluso cuando ayer y anteayer nos esforzamos, nos sigue sorprendiendo que debamos seguir haciéndolo, como si estuviésemos esperando un día en el que todo salga bien sin esfuerzo.

Bueno, el esfuerzo es una parte importante de la vida. Claro, es una parte básica de la vida, como la respiración o los latidos de tu corazón. Me gusta divertirme y salir de fiesta, como a todo el mundo, pero he aprendido que esforzarnos forma parte de nuestra naturaleza y pasar por experiencias difíciles para poder terminar donde queremos.

Cada vez que recuerdo esto, recuerdo la historia de la mariposa.

***

Un niño salió a jugar un día y con mucha emoción encontró una oruga. Sonrió, la tomó entre sus manos y corrió a donde se encontraba su madre. Ella le dijo: "Un día, esa oruga se convertirá en una bella mariposa".

El niño se alegró muchísimo tras escuchar esto. Su mamá le dijo que podía quedarse con la oruga hasta que se convirtiese en mariposa, pero que luego la dejarían libre para que volase por los cielos durante el resto de su vida.

Decidieron colocar a la oruga en una pequeña caja de vidrio. Colocaron un tronco para que pudiese entrar a dormir, la alimentaban con hojas y migajas, y mantenían la caja cerca de la ventana para que la oruga tuviese suficiente sol y disfrutase de la vista.

Al niño le encantaba tener a esta oruga como mascota, pero un día notó que había un problema.

La pobre oruga estaba en aprietos. Su cuerpo se estaba endureciendo. Ya no se movía dentro de la caja, no parecía estar viva.

Su madre le explicó: "Es un capullo. Esta es la concha que crece alrededor de la oruga antes de que se convierta en una mariposa".

El niño estaba fascinado, pero también estaba nervioso. Ahora todos los días miraba el capillo. Su madre le prometía, una y otra vez, que pronto se abriría y verían salir a la mariposa que habían estado esperando.

El niño estaba muy emocionado, pero no le gustaba ver a su oruga en problemas. Parecía estar atascada, seguramente no estaba feliz ahí, sin poder moverse dentro de ese capullo.

Un día, el niño no pudo resistirse. Entró a escondidas a la cocina, abrió la primera gaveta y sacó de ella un alfiler.

Luego, fue hasta donde estaba el capullo y le hizo un huequito.

Al mirar dentro del agujerito, vio unos colores preciosos. ¡Había una mariposa allí adentro! Más ansioso que nunca, trató de alcanzar la mariposa y le hizo sin querer un agujerito en una de sus alas.

Tenía buenas intenciones de sacar a la mariposa y traerla de vuelta al mundo.

Cuando su madre llegó y vio lo que había pasado, estaba muy molesta. La mariposa no podía moverse bien. Aleteaba un poco, pero no podía volar. Además, su cuerpo estaba hinchado. No había tenido suficiente tiempo para desarrollarse apropiadamente.

El niño trataba de entender qué había salido mal, y su madre lo llevó a hablar con un científico de una universidad local. El chico aprendió que era necesario que la mariposa se esforzase, que estuviese en aprietos. Específicamente, era necesario que la mariposa se esforzara por salir del capullo por sí misma, pues de esta manera los fluidos habrían pasado de estar en su cuerpo a estar en sus alas. Como el animalito no había hecho este esfuerzo, nunca podría volar. Así que las buenas intenciones del chico le hicieron daño a la mariposa.

El chico y su mamá terminaron teniendo que quedarse con la mariposa, pues nunca habría podido sobrevivir en el mundo por su cuenta.

***

De cierto modo, esta historia se trata sobre ser buenos padres: dejar que tus seres queridos se desarrollen a su propio ritmo, sin obligarlos a hacer las cosas antes de que estén listos para hacerlo.

Pero el significado de esta historia va mucho más allá.

A medida que te esfuerzas en la escuela y en la vida, recuerda que este esfuerzo es una parte importante de cualquier experiencia de crecimiento. De hecho, este esfuerzo te ayuda a desarrollar las habilidades que necesitas para volar.

Volviendo a mi propio ejemplo con ADC, hubo muchos días en que me sentía cansado y quería que las cosas fuesen más sencillas. Quería que las cosas sucediesen más rápido. ¡Quería tener éxito ya!

Sin embargo, mirando atrás, eso no habría sido bueno para mí. Supongamos que, en una realidad alternativa, un inversionista hubiese aparecido de manera milagrosa y hubiese resuelto todos mis problemas: nunca habría desarrollado el carácter ni los conocimientos necesarios para hacer todo por mi cuenta.

Por esto, aunque el esfuerzo sea algo terriblemente incómodo, es increíblemente valioso cuando se trata de tener éxito más adelante. Debemos aceptar el esfuerzo porque nos permite aprender, nos permite desarrollarnos, nos permite convertirnos en las personas que debemos ser.

Al oír la historia de la mariposa muchas personas dicen "¡Ay! Qué triste que no tenga un final feliz".

¡Pero ese es el punto!

Un final feliz nos hace sentir bien, pero como todos sabemos, la realidad no está hecha de finales felices. La realidad está hecha de retos y nos pone a trabajar, nos hace esforzarnos. Esto no quiere decir que la realidad no sea positiva. Todo lo contrario, muchas veces es increíblemente divertida y emocionante.

Pero no siempre puede ser así, en ocasiones tenemos que ser la mariposa dentro del capullo. El proceso es lento, es difícil, y pone a prueba nuestra paciencia.

Pero también es un proceso natural, esencial, inevitable, y que nos lleva de vuelta a lo básico.

¡Y al terminar, nos espera algo hermoso!

***

Después de abrir mi estudio de baile, aprendí los pasos básicos y luego seguí adelante en el baile: principiante, intermedio, avanzado…

Al alcanzar el nivel avanzado quería algo nuevo, así que programé una lección con un importante gurú de la salsa. Era el instructor más importante que había allí y pensé "Asistiré a unas clases increíbles".

Entré a la clase extremadamente emocionado. Me había costado mucho dinero, pero eso no importaba porque si lo que se decía del instructor era cierto, esto valdría la pena.

Esperaba poder trabajar con alguna compañera de baile. Me imaginé que habría una persona allí con quien yo pudiese bailar para aprender y ver algunos de los movimientos.

Pero no, estábamos solos.

¡Y todo lo que hicimos fue practicar el paso básico!

No hace falta decirlo: yo estaba anonadado. Pensé "¿Pero qué cara…?"

Tomé un avión para ir a verlo, reservé una habitación en un hotel, gasté mucho dinero, y estaba… ¿practicando el paso básico?

¿Pero sabes qué? Ese hombre me enseñó algo que jamás olvidaré. Me dijo "Cuando se trata de lo básico, nunca se puede practicar de más".

Resultó ser cierto.

Nunca se deja de mejorar lo básico. Cada vez que repaso estos movimientos, descubro distintos estilos, variaciones, detalles y matices. Siempre mejoro estos movimientos básicos.

Aunque hayas ganado un millón de dólares, siempre puedes ganar diez más. Aunque hayas dado la vuelta al mundo con tu pareja, siempre puedes descubrir algo nuevo en tu propio patio.

Nunca podemos (ni debemos) olvidar lo básico, pues esto es lo que mantiene el orden el resto de nuestro mundo. Cuando nuestro mundo está en equilibrio, cada parte de él tiene un impacto positivo en lo demás.

En ese momento, podemos decir que vivimos vidas verdaderamente exitosas y felices.

Versión a compás rápido

- **Debes saber que el esfuerzo forma parte de la vida.**
- **Debes saber que pasar trabajo puede llevarte de vuelta a lo básico.**
- **Sigue trabajando para mejorar lo básico.**
- **Sigue aprendiendo.**
- **Sigue creciendo, ¡*y diviértete siempre, siempre, siempre*!**

MI INVITACIÓN PERSONAL PARA TI

Dentro de veinte años estarás más decepcionado
por las cosas que no hiciste que por las que hiciste.
Así que suelta amarras, navega lejos de puertos
seguros, coge los vientos alisios. Explora. Sueña.
Descubre.
—Mark Twain

¡Mira esto! Ahora sabes todas estas cosas sobre mí, pero yo no sé mucho sobre ti. Si has formado parte de uno de los cruceros de ADC antes, entonces espero verte de nuevo la próxima vez que zarpemos. Si aún no has viajado con nosotros, entonces es hora de que hagamos algo respecto a ese desafortunado asunto.

Me sentiría honrado y sería para mí un privilegio conocerte personalmente a bordo de alguno de nuestros barcos. Te daremos la bienvenida a la familia de ADC y experimentarás algo que no existe en ningún otro lugar.

Llámanos al 877-418-3931, o contáctanos a través del sitio web www.AventuraDanceCruise.com. Si usas el código DanceToSuccess obtendrás un descuento de cincuenta dólares por persona, y tendrás la oportunidad de conocer a este servidor, pues daré una presentación corta y firmaré tu copia de *Dance to Success* o *Baila hacia el éxito*.

No esperes demasiado, pues nuestros eventos se agotan rápidamente. Piensa en todas las aventuras que podrías tener con ADC. Te esperan el mar y nuevos amigos.

¡Te espera el baile!

Moshe Rasier
también conocido como *El tipo de los cruceros*
Fundador

Aventura Dance Cruise

SOBRE EL AUTOR

\<Insert image IMG_9018.JPG\>

Moshe A. Rasier es muy enérgico y exuberante como emprendedor, productor de eventos, propietario de una empresa e inversionista exitoso. En el año 2009 convirtió su estudio de baile local en un evento mundial al crear Aventura Dance Cruise. En su primer año, este crucero contó con 472 huéspedes antes de convertirse en el crucero de baile de ritmos latinos más grandes del mundo, con casi 2.400 huéspedes, fletando barcos completos y convirtiendo en Moshe a la persona más joven que ha logrado cubrir toda la capacidad de un barco para un evento. Moshe usa sus habilidades para brindar consultoría a otros emprendedores y empresas en las áreas de marketing, inversiones, gestión, operaciones y finanzas.

Moshe obtuvo su título en administración de empresas y su maestría en negocios en la escuela Wayne Huizenga School of Business and Entrepreneurship de la Universidad de Nova Southeastern.

Él está disponible para entrevistas en televisión, radio y medios impresos, y también como orador para eventos.

Para más información, por favor visita:
www.AventuraDanceCruise.com
www.DanceToSuccess.com
www.MosheRasier.com